BEI GRIN MACHT SICH IHR WISSEN BEZAHLT

- Wir veröffentlichen Ihre Hausarbeit,
  Bachelor- und Masterarbeit

- Ihr eigenes eBook und Buch -
  weltweit in allen wichtigen Shops

- Verdienen Sie an jedem Verkauf

Jetzt bei www.GRIN.com hochladen und kostenlos publizieren

Bibliografische Information der Deutschen Nationalbibliothek:

Die Deutsche Bibliothek verzeichnet diese Publikation in der Deutschen National-bibliografie; detaillierte bibliografische Daten sind im Internet über http://dnb.d-nb.de/ abrufbar.

Impressum:

Copyright © 2017 GRIN Verlag, Open Publishing GmbH
Druck und Bindung: Books on Demand GmbH, Norderstedt Germany
ISBN: 9783668533929

Dieses Buch bei GRIN:

http://www.grin.com/de/e-book/375560/paedagogik-pruefungsvorbereitung-fuer-die-ausbildung-zur-jugend-und-heimerzieherin

Simone Ruther

Pädagogik. Prüfungsvorbereitung für die Ausbildung zur Jugend- und Heimerzieherin

Umfassende Zusammenfassung über pädagogische Themen

GRIN Verlag

GRIN - Your knowledge has value

Der GRIN Verlag publiziert seit 1998 wissenschaftliche Arbeiten von Studenten, Hochschullehrern und anderen Akademikern als eBook und gedrucktes Buch. Die Verlagswebsite www.grin.com ist die ideale Plattform zur Veröffentlichung von Hausarbeiten, Abschlussarbeiten, wissenschaftlichen Aufsätzen, Dissertationen und Fachbüchern.

Besuchen Sie uns im Internet:

http://www.grin.com/

http://www.facebook.com/grincom

http://www.twitter.com/grin_com

Inhalt

Pädagogik:

1. Geschichte der Kindheit

- Postman nennt 3 Gründe für das Verschwinden der Kindheit im Mittelalter. Welche- und wie ist Kindheit nach Postman wieder „entstanden"?

<u>Neil Postman:</u> „In der Welt des Mittelalters ist die Kindheit unsichtbar"
Drei Faktoren welche zum Erlöschen der Kindheit im Mittelalter führen:
- es verschwindet die Fähigkeit zu lesen und schreiben.
- es verschwindet die Erziehung. Keine Vorstellung von Erziehung
- es verschwindet das Schamgefühl. Es gibt keinerlei Trennung zwischen dem Leben der Erwachsenen und das der Kinder.
Ein entscheidender Impuls für das neue Erwachen an der Kindheit ist nach Postman die Erfindung der Druckerpresse.

- Was kennzeichnet Kindheit heute? Wo lassen sich positive Entwicklungen wie Institutionen, Gesetze usw. finden?

- die Familien sind kleiner geworden. (Geschwister und Großeltern gehören oft nicht mehr zum Haushalt)
- die Strukturen der Familien haben sich verändert. (Ein- Eltern-Familien, Patchworkfamilien, gleichgeschlechtliche Partnerschaften)
- Frauen sind verstärkt berufstätig, Männer engagieren sich mehr in der Erziehung
- Kinder haben weniger unmittelbare Erfahrungsmöglichkeiten
- Kinder sind als Konsumenten eine wichtige Zielgruppe für die Industrie
- Erlebnis- und Spielräume der Kinder verschwinden (kein unbeaufsichtigtes freies Spiel ist weniger möglich)
- Kindern fehlen elementare Erfahrungen (offenes Feuer machen, Wasser stauen..)
- Man spricht heutzutage von einer Verinselung der Kinder. Das bedeutet das die Kinder nicht mehr einfach so raus können zum spielen sondern verstärkt drinnen „leise" Spiele spielen.
- Verinstitutionalisierung von klein an. (Kindliche Zeit ist zunehmend klar organisiert und strukturiert wie z.B. Krabbelgruppe, Kindergarten, Schule, Vereine)
- Kinder müssen sich nach den Zeitrhytmen (Terminen) der Eltern richten.
-Eltern haben hohe Erwartungen an ihre Kinder (bezüglich Leistungen) Kinder sind dadurch überfordert.
- Kinder erhalten viele Erfahrungen aus 2. Hand. sog. „Second –Hand – Erfahrungen" aus Fernsehen und Computer.

Wo lassen sich positive Entwicklungen wie Institutionen, Gesetze usw. finden?
- der Entwicklung von Kindern wird mehr Aufmerksamkeit geschenkt.
- die Medienwelt kann auch positive Aspekte haben wie z.B. Informationen, kreative Anregungen, Wissen um andere Kulturen usw.
- es gibt ein Kinder – und Jugendhilfegesetz (KJHG / SGB VIII) und auch weltweit die UN- Kinderrechtskonvention.

- Wo sehen Sie Belastungsfaktoren und Gefährdungen für das Aufwachsen von Kindern und Jugendlichen? (Bitte fachlich Begründen_ Zeit Artikel)

- Kinderarmut, Verwahrlosung, Straßenkinder
- Auflösung ein einer infantilisierten Gesellschaft
- Kulturelle Leistung, die in der klaren Abgrenzung von Kinder- und Erwachsenenalter liegt
- Wirkung des Fernsehers
- Unterschiede von Kindern und Erwachsenen verschwimmen
- Delinquenz nimmt zu
- Neigung der Öffentlichkeit, gewalttätige Kinder härter bestrafen sehen wollen
- Kinder werden als Kunden umworben, durch die Konsumgüter, die sie ihren Eltern abbringen oder ihrem ansehnlichen Taschengeld erwerben, bringen sie es in Deutschland auf eine Kaufkraft von 30 Millionen Mark.
- Früh auf eine Konkurrenzfähigkeit getrimmt
- Hausaufgaben und Disziplin erwarten die Eltern
- Unbequemlichkeit wird gerne an die Lehrer deliriert
- Bereitschaft der Eltern, Entscheidungen für ihre Kinder zu treffen, ihnen Unsinn zu verbieten und abzuwägen, wann es Zeit für welche Freiheit ist, mag aus vielen Gründen abnehmen.
- Erziehungsverunsicherung durch Theorien wie: Kinder würden von ihrer Peergroup erzogen
- Auf dem Lehrplan steht Anpassungsfähigkeit an die Erfordernisse des Erwerbslebens, wird auf ihrem Hinblick auf den Arbeitsplatz gefordert
- Die Lebensgestaltung der Eltern zwingt sie zur Flexibilität, Trennung & Scheidung der Eltern
- Ganztagschulen, Krippen, Horte
- Erwachsenen-Terminkalender, musikalische Früherziehung, Kochkurs, Reiten…
- Dauerstress, führt dann zu Schlafstörungen, Konzentrationsschwäche, Kopf- und Magenschmerzen.
- Psychische und psychosomatischen Belastungen sind folgen des beschleunigten Lebensrhythmus
- Freier Raum in Stäten ist eben so rar, wie in modernen Familien die freie Zeit.
- Der Mangel an Platz und elterlicher Zeit bringt das Fernsehen ins Spiel
- Der Fernseher ist fast ein Übermächtiger Ersatzerzieher und Babysitter
- Fernsehgewalt und Gewaltbereitschaft im TV, 600 Mordszenen in einer Woche im TV
- Die Nachahmung des TV´s führt zu Verblödung
- Schwierig wird es da, wo Kindern das gleiche Maß an Überblick zugemutet wird wie Erwachsenen. Doch Kinder können diesen Überblick nicht haben.
- Sie haben ein Recht darauf nicht ans Große und Ganze denken zu müssen.

2

-Inwiefern spricht man heute gelegentlich vom „Verschwinden der Kindheit" in der modernen Gesellschaft? Wie lässt sich diese Meinung begründen

- Neil Postman sprach von einem Verschwinden der Kindheit. Mittlerweile gibt es Hinweise darauf, dass die Unterschiede zwischen Kindern und Erwachsenen wieder verschwimmen.
- Physische Kindheit endet heute früh. (Menstruation mit etwa 12 Jahren) Die Kleidung der Kinder unterscheidet sich nur noch wenig von der der Erwachsenen.
- Eltern geben die Erziehung gerne an die Lehrer in der Schule ab. Kaum einer fühlt sich für das Benehmen des eigenen Kindes in der Schule oder zu Hause verantwortlich.
- die Lebensgestaltung der Eltern zwingt Kinder zur Flexibilität. Kinder haben ganz selbstverständlich zu akzeptieren, wenn die Eltern sich trennen oder neu gruppieren.
- Kinder werden mit Erwachsenen Terminkalendern ausgestattet. Die hetzen von einem Termin zum anderen.
- Genau aus diesem Grund, durch diesen Dauerstress der Kinder, reagieren Kinder wie auch Erwachsene reagieren- sie werden krank. Weißen Erwachsenenkrankheiten auf wie Schlafstörungen, Konzentrationsschwäche, Kopf- und Magenschmerzen. Auch Essstörungen wie Magersucht und Bulimie fallen darunter.
- Jedoch sind die „Erkrankungen" nicht allein die Folgen des beschleunigten Lebensrhythmus. Freier Raum für Kinder ist ebenso rar wie in modernen Familien die freie Zeit. Diese Mängel bringen das Fernsehen ins Spiel. Dieser gilt als „Ersatzerzieher".
- Ein direkter Zusammenhang zwischen Fernsehgewalt und der Gewaltbereitschaft in der Wirklichkeit ist kaum nachzuweisen.
- Alle „Geheimnisse" der Erwachsenenwelt kann ein Kind heute in jeder beliebigen Talk-Show erfahren.
- die Unterscheidung von Kindern und Erwachsenen ist in keinem Punkt so wichtig wie in dem Punkt der sexuellen Gewalt und Kinderpornografie.
Durch sexualisierte Werbung mit Kindern, Fotostrecken nackter Kindermodelle und Mädchenunterwäsche die Erwachsenendessous nachempfunden sind werden zivilisatorische Grenzen verwischt!!

2. Der Erziehungsprozess 1

- Was versteht Herman Nohl unter dem „Pädagogischen Verhältnis"?

-Das Pädagogische Verhältnis ist eine Wechselwirkung in Hinblick auf die Eltern-Kind-Beziehung. (in der geisteswissenschaftlichen Pädagogik)
Durch diesen Interaktionsprozess ändern sich sowohl das Kind wie auch die Erziehungsperson. Beide machen Erfahrungen, lernen und reifen dabei.
- Hermann Nohl sieht die Erzieher-Kind-Beziehung als Kernstück der pädagogischen Theorie und Praxis.
„Die Grundlage der Erziehung ist das leidenschaftliche Verhältnis eines reifen Menschen zu einem werdenden Menschen, und zwar um seiner selbst willen, dass er zu seinem Leben und zu seiner Form komme." (Aussage von Nohl)

Klafki fasst die Aussagen von Nohl zum pädagogischen Bezug oder pädagogischen Verhältnis in 6 Merkmale zusammen.

1. Merkmal
Alles was innerhalb des päd. Bezugs geschieht sollte um des Kindes/Jugendlichen willen geschehen. Das Kind ist der Mittelpunkt der Erziehung. Alle Maßnahmen müssen sich dem Wohle des Kindes unterordnen.
- Nohl geht von einer relativen Autonomie der Erziehung aus
- dienen die päd. Maßnahmen des Erziehers dem Wohle des Kindes ?
- Der Erziehende muss sich ständig reflektieren und fragen; Kommt das Kind zu seinem Recht?
- der Erziehende muss die Ansprüche der Gesellschaft „filtern". Wichtig: diese sind nur in einem pädagogischen Bezug, in einer intensiven Zuwendung anwendbar.

2. Merkmal
Das pädagogische Verhältnis unterliegt einem gesellschaftlichen und geschichtlichen Wandel.
- Der Erziehende sollte sich ständig fragen; Erziehe ich noch zeitgemäß? Welche Qualifikationen benötigt das Kind in einigen Jahren?
- Beispiel: Veränderungen im Erziehungsstil, Erziehungswerte

3. Merkmal
Der pädagogische Bezug ist ein Verhältnis der Wechselwirkung und der Gegenseitigkeit.
- Erziehung ist ein Interaktionsverhältnis, d.h. auch der Erziehende kann in diesem Verhältnis neue Erfahrungen machen und kann daran wachsen.
- Aber: die Art der Handlungen und Aktionen sind auf Seiten des Kindes und des Erziehenden unterschiedlich.
- Das Interaktionsverhältnis ist aber auch geprägt von äußeren Einflüssen. Störungen können z.B. auftreten durch Ängste, Sorgen, Stimmungen..

4.Merkmal:
Der pädagogische Bezug kann vom Erzieher nicht erzwungen werden, sondern basiert auf Freiwilligkeit.
- Päd. Verhältnis ist ein Verhältnis der Wechselseitigkeit.
- Dabei sind Manipulation und Täuschung nicht erlaubt. Sympathie und Abneigung wirken hier.
- Herstellung eines guten päd. Bezugs bedarf an Zeit & Geduld.
- Wichtig ist: keine Abhängigkeit und altersunangemessene übermäßige Bindung zu schaffen.
- Praxis Bsp.: Freiwillig zu einem Beratungsgespräch gehen, nicht gezwungen werden

5.Merkmal:
Der päd. Bezug ist seinem Intensitätsgrad nach altersgemäß zu gestalten. Ziel ist den jungen Menschen in die Selbstständigkeit zu entlassen. (päd. Verhältnis ist somit vorübergehend)
- Der Erfahrensvorsprung des Erziehers steht eine Abhängigkeit des Kindes gegenüber. Ziel ist aber die Mündigkeit und Selbstständigkeit, Aufhebung dieses Zustandes

- Ablösung muss von Anfang an ins päd. Konzept eingebaut werden.
- Praxis Bsp.: Kindern nicht alles vorlegen sondern auch eigene Erfahrungen machen lassen. (Lernbereich)

6.Merkmal:

Im päd. Bezug orientiert sich der Erzieher immer auch zugleich an der gegenwärtigen Verfassung des jungen Menschen wie auch den sich andeutenden zukünftigen Möglichkeiten.
- Erziehung muss die IST- Situation des Kindes berücksichtigen.
- Erziehung muss aber auch Zukunftsvisionen mit dem Kind entwickeln
- Einfühlung in das Kind (in seine Anlagen und Ressourcen..) -> Ressourcenorientierung (Fähigkeiten und Erfahrungen)
- Erziehung hat Versuchscharakter
- Praxis Bsp.: Kinder nicht mit anderen Kindern vergleichen die besser sind.

- Welche Kritikpunkte an Nohl und seinen Merkmalen lassen sich finden

- es wird die Sprache von Nohl kritisiert. Er spricht stark in Bildern und Metaphern, seine Sprache ist oft mehrdeutig. Zudem enthalte seine Theorie gefühlsbetonte Aussagen.
- Seine Aussagen zum päd. Verhältnis seien idealistisch überhöht und gehen von einer Idealsituation des Erziehers mit einem Kind aus. (Erziehungswirklichkeit ist anders)
- Erziehung in Gruppen wird nicht berücksichtigt. Gesellschaftliche Bedingungen werden nicht berücksichtigt.
- Aus heutiger Sicht & unter modernen Gesichtspunkten ist diese Kritik berechtigt

- Definieren Sie den Begriff Hospitalismus

Def.: Leib-seelischer Störung-& Verkümmerungskomplex, der ich im frühen Kindesalter bei längere Heimunterbringung einstellen kann. Unter Hospitalismus versteht man alle negativen körperlichen & psychischen Folgen eines Heimaufenthalts. Mangelnde Umsorgen und lieblose Behandlung.

Symptome:

- Gewichtsabnahme
- geringes Größenwachstum
- Ernährungsstörungen
- Entkräftigungszustand
- Erhöhte Anfälligkeit für Infektionen
- Reaktionsloses im Bettliegen
- Verzögerung & Verarmung der Entwicklung der Sprache & des Denkens
- Gesteigerte Ängstlichkeit & Depressionen
- Misstrauen
- Aggressivität

1945 untersuchte SPITZ in einer Studie die Gründe für die hohe Sterblichkeit von Kindern in Kliniken & Anstalten.
Im 20 Jhd. Hatte eines der großen Findelhäuser in Deutschland bei Säuglingen im ersten Lebensjahr eine Sterblichkeitsquote von 71,5 %.
Die Todesfälle wären ein Rätsel, da K. trotz guter hygienischer & pflegerischer Versorgung starben. SPITZ verglich zwei Einrichtungen, ein Säuglingsheim, angegliedert n ein Frauengefängnis (69 K.) und ein Findelhaus (61 K.). Die Hygiene, ärztliche Versorgung und Ausstattung mit Kinderkleidung waren gleich. Doch gravierende Unterscheide wie z.B. im Säuglingshaus hatte jedes K. Spielzeug. Im Findelhaus dagegen, man befürchtete hygienische Probleme durch das aus dem Bett fallende Spielzeug. Sie hatten in ihrem Bettchen freie Sicht auf Raum und Gang. Sie konnten so beobachten was die andern K. machten. Im Findelhaus waren Seitengitter & die Fußenden der Bettchen mit weißen Tüchern behängt, so waren die K. von Außenreizen abgeschirmt.
Ein weiterer Unterschied war in der personellen Versorgung. Im Findelhaus waren es 6 Schwestern für 61 K. zuständig, die als mütterliche & kinderliebe Frauen beschrieben wurden. Durch den Schichtdienst & eine „Fließbandpflege" konnten sich die Schwestern nur ungenügend um jedes K. kümmern. Im Säuglingsheim betreute jede Mutter ihr K. selbst. Unterstützt wurden sie von einer der 3 Schwestern.

Findelhaus:
- K. ab dem 3. Monat eine extreme Auffälligkeit für Infektionen & Erkrankungen jeder Art
- Es entstanden Schäden im Bereich der Persönlichkeit.
- K- zwischen 18 Monaten und 2 ½ Jahren sprechen nur zwei K. von 26 K. ein paar Worte, die gleich K. können auch laufen.
- Fast keines der K. kann alleine essen und nässen noch ein

Säuglingsheim:
- Ab dem 10 Monat ist es das Problem die Neugier & Unternehmungslust der gesunden K. einzudämmen
- Sie klettern an den Gitterstäbchen ihres Bettchens hoch
- Sie lallen eifrig vor sich hin & manche sprechen bereits schon ein paar Wörter
- Alle verstehen die Bedeutung einfacher soz. Gebärden
- Alle mit Unterstützung laufen, einige allein

FAZIT:
SPITZ führte die schlechte Entwicklung der K. aus dem Findelhaus, auf weitgehende…
- Isolierung von der Umwelt
- Ungenügend Zuwendung (emotionale Unterversorgung)
- Fehlende stabile Primärbeziehungen zurück.

-Welche Ergebnisse lassen sich daraus für die heutige Heimerziehung aufzeigen?

3. Der Erziehungsprozess 2

- Resilienz- Definieren Sie den Begriff und das Verständnis von Resilienz und nennen sie protektive (schützende) Faktoren

= psychische Widerstandfähigkeit.

- Es bezieht sich auf das Phänomen, dass es Kinder (und auch Erwachsene) gibt, die trotz biologischer, psychologischer und sozialer Entwicklungsrisiken eine gesunde Entwicklung oder gute Anpassungsfähigkeit an widrige Lebensumstände aufweisen. Diese Menschen bewältigen die Risiken, die ihnen begegnen, ohne psychischen Schaden zu erleiden oder in strafbares Verhalten abzugleiten. Trotz der erfahrenen Risiken und Umstände zeigen diese Menschen also einen „Grad von Widerstandfähigkeit", der sie zu leistungsfähigen und stabilen Persönlichkeiten werden lässt.

- psychische Widerstandfähigkeit ist keine individuelle Eigenschaft und kein Charaktermerkmal!

- wichtig dabei ist aber nicht nur das positive Ergebnis dieser Entwicklung, vielmehr müssen zwei Bedingungen gewährleistet sein, um von einer „Resilienz" zu sprechen:
1. es muss eine echte Bedrohung der kindlichen Entwicklung vorliegen.
2. es muss eine erfolgreiche Bewältigung dieser belastenden Lebensumstände erfolgen.

Schutzfaktoren:

- Die Resilienzforschung macht einen Perspektivenwechsel durch: weg von der Defizitorientierung (was macht ein Kind krank) und hin zur Ressourcenorientierung (was macht ein Kind stark).
- Präventive (erzieherische) Absichten: die Riskikofaktoren mindern und zur Bewältigung von Krisen befähigen!
Dies sind die wichtigsten protektiven (schützenden) Faktoren die für ein entwicklungsförderndes Milieu bedeutsam sind:

- Soziale Unterstützung außerhalb der Familie (z.B. durch Verwandte, Nachbarn, Tagesmutter, später auch durch Freunde und Gleichaltrigen, Lehrpersonen, ErzieherInnen). Kinder erleben so einen Zufluchtsort vor einer belastenden Familiensituation.
- Ein emotionales, warmes, offenes, aber auch strukturiertes und normiertes Erziehungsverhalten
- Soziale Modelle (z.B. Eltern, Geschwister, Lehrpersonen, außerfamiliäre Vorbilder- die Kinder und Jugendliche zu konstruktiven Bewältigungsverhalten ermutigen und anregen).
- Dosierte soziale Verantwortlichkeiten und individuelle, angemessene Leistungsanforderungen (z.B. im Kindergarten, Schule, Mithilfe im Familienalltag)
- Kognitive Kompetenzen (z.B. ein mindestens durchschnittliches Intelligenzniveau, kommunikative Fähigkeit, eine realistische Zukunftserwartung und – planung)
- Temperament- bzw. Charaktereigenschaften, die eine effektive Bewältigung begünstigen (z.B. Flexibilität, Freundlichkeit, Impulskontrolle, Beharrlichkeit)
- Günstige Selbstwirksamkeit- und Kontrollüberzeugung: („Ich bin dem gewachsen, ich kann das bewältigen"), Selbstvertrauen sowie ein positives Selbstbild.

- Aktive Bemühung um Problembewältigung, aktiver Umgang mit Belastung
- Erfahrungen von Sinnen, Struktur und Bedeutung in der eigenen Entwicklung („Ich weiß wozu ich lebe, ich werde gebraucht, ich bin den anderen nicht gleichgültig")
- Eine Beziehung zur Natur (z.b. durch Pflege eines Haustieres)
- Fantasie: Resiliente Kinder stellen sich vielfach für ihr weiteres Leben eine bessere Zukunft vor und diese Hoffnung gibt ihnen Halt
- Ab dem Schulalter: Schreiben (Tagebücher, Gedichte) und Lesen. Schreiben hilft, Belastungen zu bearbeiten; Lesen erschließt neue, andere Welten und kann resiliente Kinder stärken
- Hobbies, gute Leistungen in der Schule
- Positives Welt- und Menschenbild: Auch im Schlechten das Gute sehen.
- Optimismus
- Humor

- Erklären Sie den Begriff der Interaktion in Bezug auf Resilienz

<u>Resilienz stellt sich somit als Ergebnis eines Prozesses ein, der sich in der Interaktion zwischen Individuum und seiner Umwelt vollzieht!</u>

Es handelt sich dabei um einen Interaktionsprozess, an dem das Kind, sein näheres und sein weiteres soziales Umfeld beteiligt sind, wobei das Kind immer im Kontext seiner Entwicklungsbedingungen und Lebensverhältnisse zu sehen ist.
- Kind ist immer im Kontext seiner Entwicklungsbedingungen und seinen Lebensverhältnissen zu sehen
- Dieser Interaktionsprozess ermöglicht es manchen Menschen mit diesem belastenden Ereignissen erfolgreich umzugehen

- Was bedeuten die Ergebnisse der Resilienzforschung für die Erziehungspraxis?

Für die Entwicklung einer resilienten Persönlichkeitsstruktur hat das frühkindliche Entwicklungsalter eine besondere Bedeutung. In dieser Zeit sind das kindliche Gehirn und seine Persönlichkeit sehr formbar.

Die Förderung der Entwicklung resilienter Persönlichkeitsfaktoren sollte sehr früh beginnen. Dabei sind Elternhaus und Kindergarten wichtige Faktoren. Kinder sollten schon sehr früh erfahren, dass sie in wichtige Entscheidungen einbezogen werden, mitwirken können und begrenzte Verantwortung übernehmen dürfen. Sie sollten ihre Stärken erfahren und ausprobieren können, dass sie Erfahrung der Bewältigung von Problemen ein starkes Gefühl macht. (Ich kann was, ich bin was)

- Kritikpunkte am Resilienzkonzept?

1. Es gibt keine einheitliche Definition von Resilienz.
2. Vorsicht sollte geboten sein, wenn Resilienz nur noch ein Verlierer unserer Gesellschaft repariert & in das Blickfeld nimmt – die gesellschaftlichen Umstände & Ursachen aber ausgeblendet bleiben. Sonst wird der Einzelne, der Schwache zum Schuldigen & mit Förderprogrammen überzogen. Die verursachenden Verhältnisse aber bleiben! Der Einzelne sollte stabilisiert werden, da er an den Verhältnissen zu zerbrechen droht, nicht aber die Unrechtsverhältnisse werden grundlegend verändert.

3. Vorsicht ist auch vor der Modeformel der Resilienzförderung geboten: Ratgeber & Erziehungsbücher, aber auch Internetforen preisen die Resilienzförderung als Heilmittel: Kinder stark machten, Kinder fit machen... Hier besteht die Gefahr, dass das Resilienzkonzept zur extremen Förderung & Individualisierung führt- nach dem Motto: wie kann ich mein Kind noch fitter machen...
4. Ist Resilienz ein individuelles Charakteristikum? Wird dann der nicht-resiliente Mensch eher pathologisiert?
5. Wie sieht die Wechselwirkung der persönlichen & soz. Vermittelten Ressourcen genau aus? Hier: dringender Bedarf an Längsschnittstudien/Forschung.
6. Das Resilienzkonzept als Modethema mit einer vereinfachenden Verkürzung & Populär-Literatur.

- Frühkindliche Bindungserfahrungen- Was versteht man unter dem Begriff der „Bindung" nach Bowlby? Beachten Sie das „elterliche Fürsorgeverhalten" und die „Fremde-Situation"!

- Forschungen in der Kleinkindpädagogik belegen, dass die Zuwendung die ein Mensch in den ersten Lebensjahren erfährt, für seine spätere seelische Gesundheit und Entwicklung wichtig ist. -> Daraus entstand die Bindungstheorie.
- John Bowlby Pionier der Bindungsforschung.
- Unter Bindung versteht Bowlby ein „tiefes, affektives, gefühlstragendes Band", in den Beziehungen zu nahestehenden Personen. Bindung ist ein eigenständiges menschliches Grundbedürfnis.
- Das Kind hat eine sichere Bindung zur Mutter oder Vater, erforscht seine Umwelt, entdeckt Dinge und fühlt sich sicher dabei, da die Beziehungsperson da /verfügbar ist.

→ Allgemein:
- Bindung beschreibt die Qualität von Beziehungen zwischen Kind und Bezugsperson.
- Bindung ist ein komplizierter Wechselwirkungsprozess, in welchen beiden Seiten ihre Fähigkeiten einbringen und so die enge Beziehung gestalten.

Mütterlicher Feinfühligkeit = die Fähigkeit:
- der Wahrnehmung der Befindlichkeit des Kindes
- eine richtige Interpretation der Äußerungen
- die prompte Reaktion und
- die Angemessenheit der Reaktion (z.B. keine Überbehütung usw.)

- Das Kind hat ein angeborenes Bindungsverhalten
- Bindungsverhalten ist ein lebenslanger Prozess und eine wechselseitige Beziehung zwischen Bindung und Exploration im Laufe des gesamten Lebens.

Fremde Situation:
Mary Ainsworth (1913-1999) Schülerin von Bowlby war die Erste die die Bindungsqualität systematisch erforschte (-> Fremde Situation)

- Es wird in acht Episoden die jeweils drei Minuten dauern in einer fremden Umgebung untersucht, wie ein 18-24 Monate altes Kind auf die Mutter, die fremde Frau, das Verlassen des Raumes durch die Mutter etc. reagiert.
Episoden + Ereignisse + *(zu beobachtendes Bindungsverhalten)*:
1. Begrüßung, in einen Raum mit Spielzeug, zwei Stühle und versteckten Kameras

2. Mutter und Kind sind im Raum. Normal beginnt das Kind zu explorieren *(die Bezugsperson als sichere Basis)*

3. Nach 3 Minuten betritt die fremde den Raum, setzt sich schweigend auf den Stuhl, redet mit der Mutter und versucht mit dem Kind Kontakt aufzunehmen *(Reaktion auf einen unbekannten Erwachsenen)*

4. Mutter verlässt unauffällig den Raum *(Trennungsangst)*

5. Nach ca.3 Minuten kehrt die Mutter wieder zurück, Fremde verlässt daraufhin den Raum *(Reaktion auf die Wiedervereinigung)*

6. Nach 3 Minuten verlässt die Mutter den Raum erneut, das Kind ist jetzt alleine *(Trennungsangst)*

7. Kurze Zeit später kommt Fremde Person und macht dem Kind ein Trostangebot. *(Fähigkeit des Kindes sich von einer fremden beruhigen zu lassen)*

8. Mutter kommt -> Fremde geht. Mutter begrüßt das Kind, bietet Trost an, versucht Kind wieder für das Spielzeug zu interessieren. *(Reaktion auf Wiedervereinigung)*

- Erläutern Sie die vier Bindungstypen – und die jeweiligen Untersuchungssituationen. Ebenso die Auswirkungen auf die erwachsene Persönlichkeit

Sichere Bindung (B-Bindung):
- sicher gebundene Kinder entwickeln aufgrund von der Feinfühligkeit der Eltern eine große Zuversicht in der Verfügbarkeit der Bindungsperson.
- Feinfühligkeit der Mutter ist gekennzeichnet durch:
    - prompte Wahrnehmung der kindlichen Signale
    - richtige Interpretation von diesen Signalen
    - eine angemessene Reaktion und eine prompte Reaktion
- weinen während der „fremden Situation" zeigen Gefühle
- akzeptieren zum Teil auch den Trost der fremden Frau
- die Trennung der Bindungsperson löst negative Gefühle aus, jedoch Vertrauen die Kinder darauf das Bindungsperson sie nicht im Stich lässt.
- Bindungsperson = „Sicherer Hafen" der immer Schutz bietet

- erscheint Bindungsperson im Raum -> Kinder freuen sich, suchen Nähe und Kontakt, wenden sich danach wieder der Exploration des Raumes zu.

→ Auswirkungen auf die Erwachsene Persönlichkeit:
- Erfährt das Kind konsistent eine verlässliche und verständnisvolle Unterstützung in Situationen, in denen es sich bedroht fühlt und Kummer hat, so entwickelt es vertrauen in seine soziale Umwelt und entwickelt ein positives Selbstbild. Emotionale Sicherheit ermutigt zu Offenheit, Neugier und Exploration.

Unsicher-vermeidende Bindung (Typ A):
- reagieren unbeeindruckt wenn ihre Bindungsperson hinaus geht, sie erkunden den Raum und sind auf den ersten Blick weder ängstlich noch ärgerlich über das Fortgehen der Bindungsperson.
- Jedoch hat man durch Untersuchungen festgestellt, dass der Cortisolspiegel im Speichel höher ansteigt als bei sicher gebundenen Kindern. Dies führt zu Stress. Auch der Herzschlag beschleunigt sich beim Fortgehen der Bindungsperson.
- Kommt die Bindungsperson zurück, dann wird sie ignoriert. Kinder suchen Nähe der fremden Person.
- den Kindern fehlt die Zuversicht bezüglich der Verfügbarkeit der Bindungsperson.
- sie entwickeln eine Erwartungshaltung, denken dass ihre Wünsche grundsätzlich auf Ablehnung stoßen und ihnen kein Anspruch aus Liebe und Unterstützung zusteht.
- Kinder haben häufig Zurückweißung erfahren
- finden einen Ausweg aus der belastenden Situation des Zurückgewiesenseins durch Beziehungsvermeidung

→ Auswirkungen auf die Erwachsene Persönlichkeit:
- Kind kann sich dauerhaft emotional von der Umwelt zurückziehen, unterdrückt seine Bedürfnisse nach Kontakt, Nähe und Zuwendung und wird allmählich emotional genügsam!
- Kinder verfallen nie in tiefe Traurigkeit, vermeiden den Kontakt jede Bindung weil sie gelernt haben dass man eh nicht auf seine Bedürfnisse eingeht.

Unsicher – ambivalente Bindung (C-Bindung):
= ängstlich- widerstrebende – resistente ambivalente Bindung
- Kinder zeigen sich ängstlich und abhängig von ihrer Bindungsperson
- geht Bindungsperson, reagieren die Kinder extrem belastet. Die fremde Frau wird gefürchtet, ebenso der Raum
- Bevor die Bindungsperson geht, zeigen die Kinder Stress. Da sie die ungewohnte Situation fürchten, wird ihr Bindungsverhalten schon zu Beginn aktiviert.
- Die Bindungsperson reagiert für das Kind nicht zuverlässig und nicht nachvollziehbar.
- Der ständige Wechsel des Verhaltens der Bindungsperson führt dazu, dass Bindungsverhalten des Kindes ständig aktiviert sein muss – Es kann schwer einschätzen wie die Bindungsperson in einer bestimmten Situation handelt.
- das Kind ist permanent damit beschäftigt herauszufinden in welcher Situation sich die Bindungsperson befindet, was sie will und was sie braucht damit es sich entsprechend anpassen kann -> dies führt zu einer Einschränkung des Erkundungsverhaltens des Kindes (keine Exploration)

- die Kinder können keine positive Erwartungshaltung aufbauen
- Kinder suchen Bindung um jeden Preis bei anderen Personen.

→ Auswirkungen auf die Erwachsene Persönlichkeit:
- durch die Unsicherheit des Kindes entsteht eine übermäßige Ängstlichkeit, die Suche nach Aufmerksamkeit und Nähe wird besonders stark und mischt sich mit Ärger auf die Bindungspersonen.

Unsicher – desorganisierte Bindung (D-Bindung):
- dieser Bindungstyp wurde erst später festgestellt (Mary Main führte diesen Bindungstyp ein)
- die Kinder dieses Types zeigen äußerst unerwartete nicht zuzuordnende Verhaltensweisen z.b. Stereotypien und unvollständige Bewegungsmuster.
- die Kinder erschrecken oft wenn ihre Eltern den Raum wieder betreten
- sie schreien nach ihren Bindungspersonen nach der Trennung, entfernen sich aber bei der Wiedervereinigung von ihnen. Andere reagieren wie gelähmt mit einem benommenen Gesichtsausdruck, drehen sich im Kreis und lassen sich auf den Boden fallen.
- andere Kinder erscheinen ängstlich in der „fremden Situation", ängstlicher Gesichtsausdruck, hochgezogene Schulter.
- Ein Kind muss eine Bindung zu seiner Bindungsperson aufbauen
- wenn die Bindungsperson – die eigentlich Schutz bieten soll, auch der Auslöser für das Bindungsverhalten ist, (selbst die Bedrohung darstellt) gerät das Kind in eine Double- Bind Situation
- andere Ursache für das Bindungsverhalten zeigt sich bei Kindern deren Bindungspersonen unter den Folgen einer Psychotraumata leiden.
- die Angst die sich im Gesicht der Bindungsperson spiegelt ist für das Kind erschreckend -> Bindungsverhalten wird aktiviert.
- Das Kind erlebt ständig die Welt als einen bedrohlichen Ort, dessen Schrecken sich in der Bezugsperson widerspiegelt.

→ Allgemein kann gesagt werden:
..das sich Kinder und Jugendliche mit sicherer Bindung kognitiv besser entwickeln. Sie sind eher in der Lage, gute soziale Kompetenzen aufzubauen und sich körperlich besser zu entwickeln, als Kinder mit unsicherer Bindung.
..wird der „Hunger" des Kindes nach Zuwendung und Liebe nicht erfüllt, können Schäden entstehen, die man als Deprivation bezeichnet. Folgen von Deprivation sind Angst, exzessive Liebesansprüche, Hassgefühle, Depression..

- Welche kritischen Punkte sind bei den Aussagen der Bindungsforschung zu berücksichtigen?

1. Die Annahme, dass sich ein Kleinkind nur an eine Person binden könne

2. Die Annahme, dass Schädigungen in der frühen Kindheit komplett irreversibel seien

3. Die Annahme, dass die Qualität der Beziehung wichtiger sei als die Qualität

4. Die Annahme, dass die Eltern für alles verantwortlich seien

5. Die Annahme, dass Heimerziehung immer schlechter sei als Familienerziehung

- Kinder mit einer sicheren Bindung können sich kognitiv besser entwickeln, gute soziale Kompetenzen aufbauen und körperlich besser entwickeln als Kinder mit einer unsicheren Bindung.
- Es können Schäden entstehen, wenn der Hunger nach Zuwendung, Liebe durch z.B. Verlust erfüllt wurde.
- Diese Schäden = Deprivationsschäden. Diese sind Abhängig vom Zeitpunkt, Ausmaß und Dauer des Verlusts. Folgen sind:
→ Angst
→ exzessive Liebesanssprüche
→ Hassgefühle
→ Depression
→ Der Kontakt mit anderen wird zerstört/ kann nicht eingegangen werden.
- Kritikwürdig ist:
→ Die Annahme Kinder können sich nur an eine Person binden → dies ist eine traditionelle Familienideologie bzw. traditionelles Rollenbild der Frau. Die Person des Vaters wird vernachlässigt. Die Bindung kann nicht alleinig relevant zwischen Kind und Mutter entstehen. Dennoch sollte die Anzahl eine Kontinuität gewährleistet sein.
→ Die Annahme, dass Schäden in der Kindheit komplett irreversibel sind → die Schäden durch mangelnder emotionale Zuwendung ist heute umstritten. Traumatische Erfahrungen können langfristig kompensiert werden. Ausschlaggebend sind dauerhafte, zeitnahe Umwelteinflüsse. Dennoch ist es so, dass je schwerer die negativen Erfahrungen umso mehr positive Erfahrungen benötigt man zu Ausgleich.
→ Die Annahme, dass Quantität der Beziehung wichtiger sei als Qualität → die stete Anwesenheit ist für Bowlby ein MUSS. Jedoch ist es keine Garantie, dass eine positive Beziehung vorhanden ist. Auch die Abwesenheit der Mutter bedeutet nicht automatisch psychische Schädigungen. Die Qualität der Beziehung ist wichtiger als die Abwesenheit. Die Qualität der Interaktionen und Umgebung sind wichtiger für die Persönlichkeitsentwicklung als die permanente Anwesenheit.
→ Die Annahme, dass Eltern für alles verantwortlich sind → früher wurde angenommen, dass das Fehlverhalten von Eltern zu Schädigungen führen. Deshalb haben viele in der Erziehung Druck um eigenes Fehlverhalten zu vermeiden. Grundsätzlich prägen Dauereinwirkungen und keine einmalige Erfahrung von etwas Negativem. Je länger eine traumatisierende Situation desto eher entwickeln sich Bindungs- und Entwicklungsstörungen.

→ Die Annahme, dass Heimerziehung schlechter sei als Familienerziehung → Bowlbys Ansicht → „better a bad family than a good institution". Zu der Zeit von Bowlby waren „kognitive Anregungen und mangelnde Förderung" Erklärung dafür. Denn es fehlten kontinuierliche, verlässliche Bezugspersonen die sich mit ihnen beschäftigten und individuell förderten. Dies ist heut in vielen Fällen nicht mehr berechtigt.

4. Erziehungsstile

- Definieren Sie den Begriff Erziehungsstil

- Ist die Art und Weise wie ein Erzieher dem Zu-Erziehenden gegenübertritt.
- es handelt sich dabei um relativ konstante Verhaltensweisen des Erziehers gegenüber dem Klienten.
- ist ein relativ einheitliches und konstantes System von Erziehungsmaßnahmen.
- -> ist eine erzieherische Grundhaltung
- ist nicht identisch mit einem konkret beobachtbaren Erziehungsverhalten, erschließt sich eher aus der Beobachtung des Erziehers über eine lange Zeit hinweg.
- Um den Erziehungsstil zu erfassen gibt es zwei Möglichkeiten : Lewin und Tausch & Tausch

- Wie war der Untersuchungsverlauf von Kurt Lewin? Welche Führungsstile?

Lewin führte eine Untersuchung durch. Er untersuchte mehrere Gruppen von Kindern. Nach 6 Wochen wechselten die Leiter die Gruppe und führten dort einen anderen Erziehungsstil durch. Am Ende der Untersuchung hatte jede Gruppe zwei Erwachsene und zwei unterschiedliche Führungsstile erlebt. Das Verhalten des Leiters und der Kinder wurden beobachtet und protokolliert.

Die 3 Führungsstile:
-Autoritärer (autokratischer) Erziehungsstil:
- Alle Aktivitäten vom Leiter bestimmt
- Leiter gibt Befehle& Kommandos
- Leiter übernimmt für alle Tätigkeiten der Kinder Verantwortung
- Lobt und tadelt häufig & personenbezogen
- Haltung des Leiters eher freundlich aber unpersönlich
- Kindern ist zukünftiges Tun meist nicht bekannt (kein Ausblick)
- Leiter bestimmt Gruppenzugehörigkeit der Kinder (in welcher Arbeitsgruppe sie sind)
- Leiter ergreift keine extreme autoritären Maßnahmen wie Drohungen

-Demokratischer (sozialintegrativer) Erziehungsstil
- Leiter gibt Gruppe einen Überblick
- Alle wichtigen Entscheidungen werden in d. Gruppe diskutiert
- Jeder kann entscheiden mit wem er zusammenarbeiten will
- Lob und Tadel erfolgt sachbezogen
- Bei technischem Problemen gibt Leiter mehrere Lösungsmöglichkeiten (Auswahl und Entscheidung liegt bei den Kindern)
- Leiter versteht sich als Gruppenmitglied
- Leiter zu persönlichen Gesprächen mit Kids bereit
- Gruppenarbeit wird nicht durch Befehle& Kommandos unterbrochen

-Laissez- Faire Erziehungsstil
- Leiter verhält sich weitgehend passiv (Nur minimale Angaben)
- Rolle des Leiters beschränkt sich weitgehend auf das Anbieten untersch. Materialien
- Leiter versichert, dass er Infos& Hilfe geben wird

- Arbeitsergebnisse werden kaum bewertet
- Leiter beteiligt sich nicht an Untergruppen
- Leiter freundlich aber neutral

Wobei der Laissez- Faire Erziehungsstil lediglich als Kontrollgruppe gedacht war, entwickelte sich aber im Verlauf des Experiments zu einem eigenständigen Erziehungsstil.

- Wie waren die Auswirkungen der 3 Führungsstile auf die jeweilige Gruppen?

Autoritär geführte Gruppen:
- die Gruppe zeigt eine geringe Vielfalt an Äußerungen und Verhaltensweisen.
- bei den Kindern -> ein höheres Maß an psychischen Spannungen z.b. aggressives und gereiztes Verhalten.
- Spannungen richteten sich gegen andere Gruppenmitglieder (nicht gegen den Leiter).
- Unterdrückte Feindseligkeiten richteten sich gegen schwächere Gruppenmitglieder.
- Spontaneität und Kreativität waren eingeschränkt (wurde nur auf Anregung des Leiters gearbeitet).
- Arbeitsaktivität hing vom Leiter ab. (verließ er den Raum-> Kinder hörte mit Arbeiten auf)
- Starke Fixierung der Kinder auf den Leiter (Kinder forderten verstärkt Anerkennung von ihm)

Demokratisch geführte Gruppen:
- Kinder zeigten ein kleines Spektrum an Verhaltensweisen und suchen eigenständige Lösungsmöglichkeiten
- Kinder waren schöpferischer & konstruktiver im Hinblick auf ihre Arbeitsprodukte.
- herrschte zufriedene und entspannte Arbeitsatmosphäre.
- Kinder bildeten freie Untergruppen.
- die Arbeitsaktivität ließ nicht nach wenn der Leiter den Raum verließ.
- Beziehungen der Kinder untereinander waren spontaner, freundlicher, sachbezogener, einzelne Gruppenmitglieder wurden nicht zu „Sündenböcken".
- Schwierigkeiten wurden von der Gruppe gemeinsam bewältigt.

Nach dem Laissez- faire Stil geführte Gruppen:
- Gruppenmitglieder zeigen häufig ein planloses und wenig zielstrebiges Verhalten.
- es werden häufig Vorschläge gemacht die aber wegen fehlender Mehrheit nicht umgesetzt werden.
- dadurch zeigte die Gruppe Enttäuschungen und Gereiztheit. Dadurch entstanden Aggressionen und diese wurden an den anderen Gruppenmitgliedern ausgelassen.
- Beziehungen zwischen den Mitgliedern waren meist locker und instabil.
- wenn Leiter den Raum verließ, wurde Gruppe von einem anderen Gruppenmitglied geleitet. (-> ein Ansteigen der Arbeitsaktivität)

- Welche kritischen Punkte lassen sich zu den Untersuchungen und Ergebnissen von Lewin finden?

- Die Begriffe „autoritär" und „demokratisch" stammen aus dem Bereich der Politik und beziehen sich auf Staatsformen. Somit sind sie weltanschaulich belegt. Wenn

diese Begriffe in der Pädagogik verwendet werden dann ist eine vorurteilsfreie Untersuchung kaum möglich. Deshalb sind Verfälschungen der Untersuchungsergebnisse möglich.
- die Einteilung des Erziehungsverhaltens in nur drei Typen ist zu undifferenziert. Es bleibt kein Raum für feinere Differenzen im Erziehungsverhalten.
- Die Erziehungssituationen sind künstlich /gestellt.
- Die Typologien sind nicht auf die Schule übertragbar. (es handelt sich um institutionelle Gruppen keine freiwilligen Freizeitgruppen, d.h. andere Rahmenbedingungen)
- Die Erziehungstypen geben nur Auskunft über kurzfristige Auswirkungen, über die Auswirkungen von langfristigen Persönlichkeitseigenschaften wird nichts ausgesagt.

- Erklären Sie die Dimensionen des Erzieherverhaltens nach Tausch/Tausch

- Annemarie und Reinhard Tausch haben die Dimensionen des Erzieherverhaltens von Lewin weiterentwickelt. Sie wiesen auf folgende wichtige Faktoren im Erziehungsprozess hin:
- Emotionale Dimension (Wertschätzung vs. Geringschätzung)
- Lenkungsdimension (Maximale vs. minimale Lenkung)
- Echtheit bzw. Kongruenz

1. Dimension: Emotionale Dimension
- Emotionale Wertschätzung: Achtung, Respekt, Freundlichkeit gegenüber dem Kind. Ein Kind ,das von der Erziehungsperson emotionale Wertschätzung erlebt, das schaut es ab und handelt später selbst so. Wenn ein Kind Wertschätzung erlebt, dann fühlt es sich Anerkannt.
-> dies führt zu einem positiven Verhältnis zwischen Kind und Erziehungsperson.

- Emotionale Geringschätzung: Abneigung gegenüber dem Kind. Abwertendes Verhalten.
-> dies führt zu einem negativen, schlechten Verhalten zwischen dem Kind und dem Erzieher. Es kann keine positive Bindung / Beziehung entstehen.

Die Wertschätzung kann durch Lob verstärkt werden. Jedoch sollte man darauf achten:
-   das Lob echt und gezielt eingesetzt wird.
-   das Lob gleich nach dem positiven erwünschtem Verhalten ausgesprochen wird.
-   Lob kann zu einer gewissen Abhängigkeit des Kindes vom Erwachsenen führen.
-   nicht alles was wir als Belohnung ansehen, ist auch für das Kind mit Wert verbunden.
-   man sollte in einem angemessenen Rahmen loben und nicht jedes kleinste positive Verhalten.

Durch Lob wird das Kind in seinem Verhalten gestärkt und entwickelt eine psychisch reine Persönlichkeit. Das Kind hat ein Recht darauf zu erfahren, was der Erzieher zu einem bestimmten Verhalten denkt und was er genau von dem Kind verlangt. Deshalb sollte der Erzieher seine Anforderungen klar formulieren.

2. Dimension: Lenkungsdimension

Maximale Lenkung = ist vergleichbar mit dem autoritären Stil den Lewin erforscht hat
Minimale Lenkung = ist vergleichbar mit dem Laissez – faire- Stil von Lewin.

Lenkung erfolgt durch Verstärkung und Sanktionen der kindlichen Verhaltensweisen.

→ Positive Verstärker:
  - Primäre Verstärker: Nahrung, Süßigkeiten
  - Soziale Verstärker: Lob, Anerkennung
  - Materielle Verstärker: Kleidung, Geld
  - Symbolische Verstärker: Zeugnisse, Urkunden
→ Sanktionen:
  - Primäre Sanktionen: Essensentzug, körperliche Strafen
  - Soziale Sanktionen: Tadel, Liebesentzug
  - Materielle Sanktionen: Taschengeldentzug, Entzug von Spielzeug
  - Symbolische Sanktionen: schriftlicher Tadel

3. Dimension: Echtheit des Verhaltens

- Eine Erziehungsperson ist echt in ihrem Verhalten, wenn das innere Denken, die inneren Überzeugungen dem äußeren Handeln gleichgesetzt sind. D.h. wenn ich etwas tue, dies auch wirklich so meine (= Kongruenz)

- Unechtes (= inkongruentes) Verhalten ist wenn das äußere Verhalten dem inneren Erleben /Denken widerspricht.

Kongruentes Verhalten hat folgende Auswirkungen:
  - das Kind reagiert später genauso und wird eine psychisch stabile Persönlichkeit.
  - das richtige Maß muss gefunden werden (d.h. nicht zu echt sein)
  - das Kind weiß den Erzieher einzuschätzen, es weiß wie er denkt und so ein näheres und besseres Vertrauen und Verhältnis aufbauen.

Inkongruentes Verhalten hat folgende Auswirkungen:
  - erschwert die Kommunikation
  - erschwert Nähe und Vertrauen
  - erschwert pädagogisches Vertrauensvolles Verhältnis

- Welche Kritikpunkte finden sich zu den Untersuchungen von Tausch/Tausch?

- Arbeiten von Tausch/ Tausch haben der Erziehungsstilforschung viele Impulse gegeben (vor allem in Betonung auf „emotionale Dimension")
-die Methodik beruht weitgehend auf der Beobachtung sprachlicher Äußerungen. Mimik und Gestik des Erziehers werden kaum beachtet.

- Bei Lewin gibt es 3 Führungsstile. Dieser hat Untersuchungen gemacht und die Ergebnisse hat er diesen 3 Stilen zugeordnet. Die Ergebnisse mussten in die „Schubladen" passen, es gab also kein „dazwischen"

- Bei Tausch/ Tausch gibt es keine sog. Schubladen, sondern Dimensionen. Man kann Ergebnisse individuell zuordnen. Erziehungsstile nach Tausch/Tausch sind viel flexibler, individueller und man kann sie variieren.

5. Erziehungsmaßnahmen: Strafe

- Was versteht man unter dem Begriff „Konsequenzen", „Sanktionen" und „Strafe"- und was versteht man unter „struktureller Gewalt"? (Querverweis zu Medienpäd.)

- Alle drei Begriffe sind das Resultat auf ein Negatives Verhalten, diese unterscheiden sich in ihrer Intensität und in ihrer Intension.
- Strafe ist jedoch das härteste.

- Alle 3 Begriffe sind Reaktionen auf negatives Verhalten die sich in ihrer Intension unterscheiden. Die Strafe ist dabei das höchste.
- Sanktionen: = eine Maßnahme, die jmd. als Druckmittel gegen eine Person einsetzt, um diese zu einem bestimmten Verhalten zu zwingen.
- Konsequenz: = (aus etwas) die Konsequenzen ziehen nach einem Vorfall Folgerungen für sein zukünftiges Handeln ziehen.
- Strafe: = eine Maßnahme, durch die jmd. bestraft wird.
- Strukturelle Gewalt: = Während die personelle Gewalt von einem (menschlichen) Täter ausgeht, ist eine gesellschaftliche Struktur der Verursacher struktureller Gewalt. Die strukturelle Gewalt wirkt dabei indirekt und ist unabhängig von einer Person als Täter. Vielmehr handelt es sich hierbei um ein Gewaltpotential, welches dort zu finden ist, wo Menschen nicht die Möglichkeiten bekommen, ihr Potential umzusetzen, sondern sich den aktuellen Gegebenheiten beugen müssen. Dies kann in Form von Unterdrückung ebenso wie im Wege der Ausbeutung oder Indoktrinierung geschehen. Strukturelle Gewalt erfolgt also oft vom Staat oder einer Obrigkeit gegenüber einem Menschen. Es geht um ungleiche Herrschafts- oder Machtverhältnisse, die sich negativ auf das Opfer auswirken.

- Querverweis auf Medienpäd. ist z.B. das Medien (TV) nicht als Strafe geeignet sind...

- Bennen Sie verschiedene Gründe für Strafen und stellen Sie den Zusammenhang zur gesellschaftlichen Situation und zum erzieherischen Handeln dar.

- Vergeltung: Die Vergeltungsstrafe ist durch ein Rachegefühl motiviert. Eine Tat soll durch die Strafe gerächt werden (= päd. nicht einsetzbar/ gerechtfertigt).
- Abschreckung: Die Abschreckung ist päd. gesehen sehr fragwürdig, da sie dazu dienen soll andere mögliche Täter abzuschrecken. Hierbei ist die Gefahr sehr hoch, dass die Strafe in keinem angemessenen Verhältnis zur Tat steht.

Diese Methode wird meist mit der Schutzbedürftigkeit der Gesellschaft begründet und funktioniert eben nur wenn die Strafe sehr hoch ist.

- Sühne: = eine Ausgleichshandlung. Der schuldige soll die Verletzungen von sittlichen Normen, der Gerechtigkeit ausgleichen. Die Sühne setzt eine Selbsterkenntnis des Täters voraus und den Willen etwas zu verbessern.

- Unschädlichmachung: Bedeutet jemanden unschädlich zu machen durch Strafen wie Ausschluss, Gefängnis, Ausweisung, Todesstrafe... Wenn in die Gesellschaft ein Rechtsbrecher eintritt und eine Bedrohung ist so nutzt die Gesellschaft diese Methode (Tat→Strafbar→Gefängnis).

- Besserung: = Resozialisierung (=Absicht der Besserung). Ziel der Besserung ist nicht die oberflächliche Anpassung, sondern eine einsichtsvolle Weiterentwicklung.

- Erläutern Sie worauf zu achten ist, wenn sich Strafen nicht vermeiden lassen.

- Berücksichtigung der Individualität des Kindes: Es muss bei jedem Einsatz der Strafe hinterfragt werden ob die Strafe dem Entwicklungsstand des Kindes entspricht, es seine Fähigkeiten verbessern kann, Was das Kind mit seinem Fehlverhalten bezwecken möchte, kann das Kind das gewünschte Verhalten überhaupt zeigen...

- Positive Verstärker haben Vorrang: Man sollte immer zuerst nach den positiven Ansätzen suchen die man verstärken kann, denn die Vermittlung von Erfolgserlebnissen sind zielgerichtet und beinhalten Entwicklung. Strafe sagt nur aus, was nicht getan werden soll und es fehlt der Inhalt einer Richtungsangabe.

- Strafe soll begrenzt und gezielt eingesetzt werden: Strafe = Disziplinierungsmittel. Der Erziehende muss entscheiden sind Strafen überhaupt notwendig und wenn ja, muss man sie reduzieren und andere Erziehungsmöglichkeiten suchen. Strafen sind keine Dauerlösung!

- Strafe setzt dauernde und genaue Verhaltungsbeobachtung voraus: Wenn eine Strafe eingesetzt wird muss der Erzieher immer einschätzen wie diese Sanktion auf den Zu – Erziehenden wirkt. Zudem sollte hinterfragt werden ob der Anlass der Strafe im Verhalten des Kindes liegt oder in einer aktuellen Situation (Überforderung, Schwierigkeiten...).

- Welche Nebenwirkungen sind bei dem Einsatz der Strafe möglich: Das Kind muss den Sinn und die Einsicht bezüglich der Strafe sehen/ haben, denn sonst bringt die Strafe nicht viel. Das Fehlverhalten wird dann „nur" für kurze Zeit unterdrückt und bei der nächsten Gelegenheit wieder hervorgerufen.

- Straferwartung verursacht Angst: Ständiges und übermäßig hartes Bestrafen kann zu massiven Ängsten, Unsicherheiten und Minderwertigkeitsgefühlen führen. Dies zeigt sich vor allem dann wenn das Kind keine Möglichkeit bekommt sein Fehlverhalten stufenweise zu verbessern.

- Strafe soll das päd. Verhältnis zwischen Erziehendem und Kind möglichst gering belasten: Durch Strafen kann es sein, dass das Verhältnis erschwert wird und die Kinder eine höhere Aggressionsbereitschaft aufzeigen. Hier wäre es gut wenn der Erzieher weiterhin mit dem Klient weiter arbeitet um so eine aufrechte, angemessene Beziehung zu gewährleisten. Es darf sich nie hinter ausgesprochenen Strafen ein Machtgefälle oder Rachegefühle verbergen.

- Permanente Strafen geben dem Kind das Gefühl der „Ohnmacht": Häufiges Strafen kann als „feindseliges Verhalten" erlebt werden. Deshalb kann es sein das sich das Kind depressiv zurückzieht oder offen seine Aggression gegenüber dem Betreuer zeigt. Aufgrund dessen ist es wichtig, dass das Kind die Sanktion versteht und ihm aufgezeigt wird das er die Zuneigung des Erziehers nicht verliert.

- Strafe soll das Ehrgefühl des Kindes nicht unnötig verletzen: Die Strafen sollten möglichst verhaltens- und nicht personenbezogen sein. Berücksichtigt werden muss, dass Strafe in Kulturen unterschiedlich sind.
- Verzicht auf körperliche Strafen: Hierzu gibt es 4 Argumente:
→ Es wird die Würde des Menschen verletzt.
→ Die möglichen Schädigungen des Körpers sprechen dagegen.
→ Wer den Körper schlägt, der schlägt auch die Seele.
→ Körperliche Strafe ist ein Konfliktlösungsmuster, das der Erzieher an sich nicht befürwortet.
- Es muss ein Zusammenhang zwischen Thematik und Inhalt der Strafe erkennbar sein: Der Zeitraum zwischen Anlass und Reaktion sollte kurz sein damit das Kind den Zusammenhang versteht. Wichtig: Konsequente und deutliche Angaben.
- Kontrolle der Affekte: Die Überkontrolle des Verhaltens (vom Kind) ist oft eine falsch verstandene therapeutische Haltung und kann zu einer Lähmung der Entscheidungsfreudigkeit führen. Deshalb sollte der Erziehende Affekte zeigen, denn das Kind soll den Betreuer als Mensch erleben (Affekte = Enttäuschung...).
- Eltern, ErzieherInnen und Kinder müssen sich verzeihen können: Durch die Strafe wird dem „Schuldigen" vermittelt das er Unrecht hatte und somit etwas falsch gemacht hat. Deshalb sind in diesem Prozess ehrliche Entschuldigungen und Vergebungen wichtig und nicht das einfach Schwamm drüber.

- Erarbeiten Sie die Alternativen zu Strafen?

- Vorbeugung, Prävention: Prävention bedeutet also, dass die Ursachen für unerwünschtes Verhalten bereits im Vorfeld vermindert werden soll, damit es gar nicht zu unerwünschtem Verhalten kommt (z.B. ein aufgedrehtes Kind will nicht ins Bett durch eine gute Nachtgeschichte wird es oftmals ruhiger). Im Heim gehört zur Prävention die regelmäßige Reflexion ob bestimmte Regeln und Tagesabläufe noch sinnvoll sind. Die Ermahnungen und Rückmeldungen gehören auch zur Prävention.
- Gemeinsame Verständigung über Ziele und Wege: Die Ansprüche und Gefühle beider Seiten müssen berücksichtigt werden und sich in den Regeln niederschlagen. Es muss zwischen beiden Parteien ein Gefühl bestehen, dass beide den Willen zeigen auf das Ziel hinzuarbeiten und aufeinander zugehen und somit voneinander lernen. Durch die Mitbestimmung und das Mitwirken können Spannungen und Machtgefälle vermieden werden.
- Korrektur unangemessener Erwartungen des Erziehers: Erwartungen des Erziehenden müssen manchmal korrigiert werden, wenn der Erziehende unrealistische Erwartungen an das Kind hat. Die vermeidliche „Unfähigkeit" des Kindes bezieht der Erziehende oftmals vorschnell auf sich (Das Kind will mir eins auswischen...). Dadurch wird das Bedürfnis nach Vergeltung größer und bedeutet somit Strafe.
- Affektive Zurückhaltung: Subjektiv empfundenes oder tatsächliches Fehlverhalten lässt sich häufig durch Nichtreagieren wirkungsvoller beheben als durch Aufmerksamkeit. Denn durch Nichtbeachten verlieren oftmals Provokationen u.ä. ihre Wirkung. Pädagogisches „Beleidigt" sein, Überlastung führen oft zu Überbewertung des Fehlverhalten und anschließend zu Überreaktionen. Negative Spontanreaktionen führen häufig zu weiteren Konflikten, weil dies der Jugendliche als unberechtigt empfindet.

- Handlungsfolgen erleben lassen: Natürliche und logische Folgen: Bestimmte Handlungen haben bestimmte negative Konsequenzen. Diese natürlichen Folgen sollten nicht ständig durch den Erzieher verhindert werden, sondern sie sollten diese Folgen Kinder erleben lassen (z.B. wenn ein Kind das Pausenbrot vergisst und man ihm es bringt dann bleibt der Hunger aus. Wieso sollte dann das Kind sein Verhalten ändern? Wenn es die Erfahrung macht und hungrig heim kommt wird es beim nächsten mal eher daran denken sein Pausenbrot mitzunehmen).

- Wiedergutmachung: Wiedergutmachung bedeutet, ein geschehenes Unrecht rückgängig zu machen auszugleichen, eine gute Beziehung wiederherzustellen. Wiedergutmachungen können sich auf materielle oder immaterielle Schäden beziehen. Wiedergutmachungen sind jedoch pädagogisch nur dann positiv, wenn sie unbehaftet vom negativen Beigeschmack der Strafe bleibt.

6. Rudolf Steiner und die Waldorfpädagogik

- Welches Bild vom Kind bzw. der kindlichen Entwicklung und vom Menschen hat die Waldorfpädagogik?

- Kind wird als noch nicht Erwachsen angesehen →muss sich erst entwickeln, später voll Funktionstüchtig (im Sinne der Gesellschaft)
- Kind benötigt Schonraum, damit die Kräfte heranreifen können
- Kindesentwicklung teilt er in einen SIEBENJAHRES-Rhythmus ein
- Der Mensch ist eine unverwechselbare, einmalige Individualität (besitzt eigenes Schicksal und Lebensmotiv)→zeigt sich vor allem in der Beziehung des Menschen und seinem Umfeld (Mitmenschen)
- In Lebensführung und Schicksalsgestaltung besitzt der Mensch die Möglichkeit der Freiheit und Selbstbestimmung
- Mensch arbeitet daraufhin mit seinem Lebensmotiv identisch zu werden
- Körperliche und seelische Eigenschaften des Menschen sind Instrumente
  →helfen dabei Lebensmotiv und Schicksalsgestaltung positiv zu entwickeln
  →Ihre Entwicklung vollzieht sich in Kindheit und Jugend nach bestimmten Gesetzmäßigkeiten
  ↘Gesetzmäßigkeiten sind Grundlage für alter spezifische päd. Konzeption
- Waldorfpäd. = Entwiklung aller beteiligten
  →Menschen sind in Begegnungen/Beziehungen für einander Schicksal
- Kernmotiv in Waldorfpädagogik = Erziehung ist Selbsterziehung
- Das Menschenbild Steiners liegt eine DREIGLIEDRIGKEIT zugrunde:
  →Leib: gehört Mensch Welt an
  →Seele: baut sich Mensch eigene Welt auf
  →Geist: ihm eröffnet sich Welt, die über die beiden anderen erhaben ist
- Ganzheitlicher Ansatz der Waldorfpäd.: Alle Erfahrungen werden dem Kind über den Körper, das Gefühl und den Kopf vermittelt (Klatschen, Laufen, singen, sprechen, malen,…)

- Was versteht man unter den Lebensjahrsiebten- und wie werden diese Jahrsiebte in der Waldorfpädagogik umgesetzt?

- 1. Jahrsiebt
  →bilden sich Grundformen der physischen Organe
  →Kind ist ganz aufsaugendes, nachahmendes Sinneswesen

→äußere Eindrücke werden Einverleibt – nehmen Einfluss auf Organbildungsprozess
→Tages-, Wochen-, Monats- & Jahresablauf ist klar strukturiert, alles findet in einem wiederkehrenden Rhythmus statt
→Erziehungsperson = Vorbildfunktion, Kind lernt durch Nachahmung, nicht durch Belehrung

- **2. Jahrsiebt**
  →Kind lernt von erlebten und geistigen Autoritäten – durch Erzieher oder Erzählungen (Märchen, Sagen,...)
  →Gewohnheiten, Charakter, Temperament und Gewissen werden gebildet
  →Kind braucht ‚gebildete Autorität' der es nachfolgt und durch die es gute Lebensrhythmen und Gewohnheiten aufbauen kann
  →Erzieher: Gesetzte des Lebens durch Geschichten, Symbole, Gleichnisse erleben lassen

- **3. Jahrsiebt**
  →Pubertät/ Geschlechtsreife steht im Mittelpunkt
  →Zeit mit starken Stimmungsschwankungen und intensivem Erleben
  →Zunahme der geistigen Kräfte
  →Hinterfragt kritisch die Vorbilder seiner Kindheit
  →sucht seinen eigenen Weg – löst sich von Autoritäten und folgt selbstgewählten Idealen
  →erst nach Geschlechtsreife wird der Verstand geboren (nach Steiner)
  →Erzieher: wird Gesprächspartner & Bezugsperson

- **4. Jahrsiebt**
  →ICH bildet sich
  →Mensch gestaltet die Welt
  →gründet Familie

- Wie sieht das Konzept des Waldorfkindergartens aus?

TRÄGER: gemeinnützige Vereine→dies erklärt die Unterschiede im Inhalt und Organisatsion der Einrichtungen

VERDIENST: Gehälter der Erzieher/Lehrer sind nicht Einheitlich → abhängig von Möglichkeiten der jeweiligen Vereine

ÖFFNUNGSZEITEN: bis 13:30 → Erziehung am Nachmittag durch Eltern
↳allerdings zunehmende Ganztagsangebote (vor allem in Großstädte)

GRUPPENGRÖßE: ca. 25

KONZEPTE/ ARBEITSFORMEN:
- Spielmaterialien
  - o besteht aus organischen Stoffen (Kastanien, Holzscheiben,...)
  - o Kunststoffspielzeig und technische Spielsachen werden abgelehnt → Grund: Sinne als Tor zur Welt. Sinneserfahrungen an Naturmaterialien sind Grundlage allen Leben (technische Medien werden zunehmend als Teil der Wirklichkeit wahrgenommen und werden altersgemäß in Arbeit integriert)
  - o Keine Bilderbücher → Kind soll eigene Phantasie entwickeln

- o Singspiele, Märchen, Puppenspiele, Reigen und Musik haben einen hohen Stellenwert (Sinnerfahrungen)
  - o Puppen: nur angedeutete Gesichter → Kind hat die Möglichkeit, ausdrücke hinein zu denken
  - o Materialien des täglichen Lebens bei denen die Kinder waschen, putzen, bügeln und handwerklich tätig sein können

- **Spiel**
  - o Spiel wird als Betätigung gesehen, bei der alle Fähigkeiten des Kindes am vollkommensten zusammenwirken → viel Zeit zum Freispiel
  - o Nach Ansicht der Waldorfpäd. Wird den Kindern viel zu viel zugemutet, durch die Kindheit gehetzt →Fantasientwicklung muss gefördert werden
  - o Erziehungsperson ist während der Spielzeit mit eigener Arbeit beschäftigt → Kinder erleben Erwachsenen wie er backt, kocht,... und ahmen sein Tun nach
- **Rhythmus & Wiederholung**
  - o Arbeit im kiga folgt dem jahreszeitlichen Rhythmus (in spielen, tänzen,...)
  - o Unterrichtinhalte wechseln in einem 3 – 4 Wochen-Rhythmus (Epochen)
  - o Jahresrhythmus wird bei Gartenarbeit bewusst und intensiv gelebt
  - o Zum Bereich der Ordnung und Struktur zählt die Eurythmie (seelischer Bereich soll angesprochen werden → laute Töne werden in Gesten sichtbar gemacht, Gefühle und Empfindungen werden tänzerisch ausgedrückt

- Worin unterscheiden sich die Waldorfschulen von anderen Schulen- und wie wird dort die Pädagogik Rudolf Steiners umgesetzt?

- Unterrichtsinhalte wechseln in einem Drei – bis Vier Wochen Rhythmus, den sogenannten Epochen.
- auf die Zusammenarbeit im Elternhaus wird großen Wert gelegt – häufige Elternabende, Gruppenabende, Bastelabende, Vortragsabende, regelmäßige Elterngespräche und Hausbesuche beider Eltern.
- alle Gebäude haben gebrochene rechte Winkel und viel Holz. Für die Räume gibt es feste Farbvorstellungen (leichte, warme pastellartige Farbtöne)
- die Räume werden der Jahreszeit und der gerade behandelten Epoche ausgestaltet. Auch wird auf die Gestaltung eines aufwendigen Tafelbildes großen Wert gelegt.
- Epochenunterricht
- Es gibt keine Noten sondern Verbalbeurteilungen; kein Sitzenbleiben
- Viel künstlerisches Arbeiten
- Klassenlehrer wechselt nach 7 Jahren

- Was ist die Rolle der Erziehungsperson in der Waldorfpädagogik?

- Die Erziehungsperson ist durch ihr Tun eine Vorbildfunktion – die Kinder ahmen sie nach. . Denn bis zum 7. LJ lernt das Kind hauptsächlich durch Nachahmung.
- Erziehungsperson fordert nicht, sondern wirkt!
- Aufgaben und Rolle der Erziehungsperson wechseln mit jedem Jahrsiebt:
  - 1. Jahrsiebt: Vorbildfunktion (Kind lernt durch Nachahmung)
  - 2. Jahrsiebt: Erziehungsperson muss Autorität beweisen (Kind begleiten)

- 3. Jahrsiebt: Begleiter durch Pubertätsprozess
- 4. Jahrsiebt: Mensch gründet eigenes Leben (Erzieher wird überflüssig)

-Was sind positive, was eher negative Aspekte der Waldorfpädagogik? (Fachliche Aspekte!)

Positive Aspekte:
- Waldorfpäd. ist eine konsequent anthropologische (menschenkundlich) begründete Pädagogik.
- Waldorfpäd. hat ein Modell der Seele konzipiert.
- Ein wesentlicher Teil der päd. Arbeit besteht darin, die jeweiligen subjektiven Eigenheiten der Kinder herauszufinden und in den päd. Umgang mit ein zu beziehen.
- Von Kindern lernen gehört zum grundlegenden päd. Verständnis der Waldorfpäd.
- Waldorfpäd. unterstützt die ästhetischen Aspekte der Erfahrungsbildung. Damit steht sie auf dem Boden neuer Einsichten in den kindlichen Entwicklungsprozess.

Negative Aspekte:
- Waldorfpäd. pflegt ein romantisches Bild vom Kind. Sie hat kein grundlegendes Verständnis von Aggression und Gewalt entwickelt.
- Das anthropologische Entwicklungsmodell ist eine Art Vorschrift für die Gestaltung des päd. Umgangs in Schritten von Jahrsiebten. Doch nach neuen Erkenntnissen hat man festgestellt, dass dem Körper, den Sinnen, dem Fühlen, der Vorstellung und der Phantasie eigene Entwicklungsräume und – zeiten zuzugestehen sind. Wir haben keine Erkenntnis darüber, dass mit Sicherheit gesagt werden kann jene Entwicklung trete erst dann und dann ein.
- Neue Erkenntnisse belegen, dass Kinder nicht vor verfrühtem Denken geschützt werden müssen, sondern dass man nur Sorge tragen muss, dass das Denken die anderen Erfahrungsbereiche nicht verdrängt. Die Kindheitsforschung hat belegt dass das Kind seine eigene Entwicklung von Beginn an aktiv lenkt.
- Die Waldorfpäd. ist nicht zu trennen von den Grundlagen der Anthroposophie.
- Die Grundlagen (Steiners Auffassungen und die Auffassungen der kindl. Entwicklung) der Waldorfpäd. sollten in den nächsten Jahren überprüft werden.

7. Janucz Korczak

- Erklären Sie die 3 Grundrechte von Korczak- was bedeuten diese 3 Grundartikel? Welche pädagogischen Sichtweisen sind damit verbunden? (Tabelle)

Das Recht des Kindes auf Achtung
→Achtung als wechselseitiger Vorgang
→Respektierung der Kinder durch den Erwachsenen, dadurch lernt das Kind, andere Menschen zu achten

1. *Recht des Kindes auf seinen Tod*
   „Aus Furcht der Tod könnte uns das Kind entreißen, entziehen wir es dem Leben; um seinen Tod zu verhindern, lassen wir es nicht richtig leben"

   →meint: Kind hat Recht auf sein Leben
   →Leben mit allen Risiken, die es ausmachen

→*richtet sich gegen Erziehungsatmosphäre, die nur schützen will & so vor Leben abhält*
  ↘*bis Kind nicht mehr traut, selbstständig Schritte zu tun*
→ *"Wer nie Wiedersprüche, kämpfe, Enttäuschungen, Fehler erlebte, nie Gefahr ausgesetzt war, etwas selbst bewältige musste = Lebensuntüchtig"*
→*Leben heißt Fehler zu machen, Angst und Not zu erfahren*
→*je mehr Zutrauen Kind erfährt, desto eigenverantwortlicher handelt es und kann sich vom Erwachsenen ablösen*

→*Förderung von Selbstständigkeit & Selbstbestimmung – beinhaltet die Forderung nach:*
  - *Selbstentdeckung*
  - *Willensbildung*
  - *Erfahrungen am eigenen Leib machen*
  - *Recht auf Fehler & Misserfolge*
  - *Spielraum für prinzipiell risikobehaftete Erfahrungen*

2. **Recht des Kindes auf den heutigen Tag**
   „Wir sollten auch die gegenwärtige Stunde achten, den heutigen Tag. Wie soll es Morgen leben können, wenn wir es heute nicht bewusst, verantwortungsvoll leben lassen?"

   →*Erwachsene wollen Kind zum handlungsfähigen Bürger machen*
     ↘*soll schnell Erwachsen werden*
   →*muss lernen Interessen & Bedürfnisse aufzuschieben*
     ↘*Gefahr: Kindheit wird Übersprungen*
   → *"Wir tun ihnen Gewalt an, wenn wir sie auf unsere Schiene setzten"*

→*Betonung des absoluten Wertes der Kindheit – beinhaltet die Forderung nach:*
  - *Gleichberechtigung der Kindheit gegenüber den Erwachsenen*
  - *Zubilligung der spezifischen Kinderperspektive, spezifischer Bedürfnisse & Wünschen im Hier und Jetzt*
  - *Zubilligung altersäquater Rechte und Pflichten*

Recht des Kindes so zu sein, wie es ist
   „Kinder werden nicht erst zu Menschen, sie sind schon welche. JA! Sie sind Menschen, keine Puppen. Man kann ihren Verstand ansprechen- sie antworten uns, sprechen wir zu ihren Herzen- fühlen sie uns"

   →Ein Kind nach seinem Willen formen = Gewalt
   →Korczak ist gegen Erziehung, die aus Verboten, Einschränkungen und Druck besteht
   →Alles was durch Dressur, Druck und Gewalt erreicht
     ↘ist vorrübergehend, ungewiss und trügerisch
   →Das Recht fordert vom Erzieher Geduld, Hilfestellung, Achtung vor Einmaligkeit des Kindes (auch Behinderten)
   →ES IST NORMAL; VERSCHIEDEN SEIN!

→Förderung von Individualität & Identität – beinhaltet die Forderung nach:
  - *Abbau eines überhöhten „kindheitsideal"*
  - *Recht des Kindes auf „Mittelmäßigkeit"*

- Berücksichtigung von Veranlagung & Erziehungsmilieu als wichtige Erziehungsdeterminanten
- Freie Entfaltungsmöglichkeiten, aber mit Rücksicht auf soziale Bezüge, Bedingungen, Ansprüche
- Gewährung eigener Ziele & Positionen

RECHT auf demokratische Institutionen für das Gemeinschaftsleben

↘Parlament, Kollegialgericht, Betreuungskommission, Privateigentum, öffentliche Meinungsäußerung

- Welches Bild vom Kind zeigt sich bei Korczak?

- Kinder und Erwachsene sind als Menschen gleichzustellen
- Kind = handlungsfähiger, Eigenständiger Mensch mit klarem Verstand
- Korczaks Pädagogik ist gegen offene und heimliche Manipulation der Erwachsenen am Kind
- Erwachsene müssen sich auf Kinder in ihrem Kind sein einlassen
- Kinder sind auf Schutz der Erwachsenen angewiesen
- Erwachsene müssen Kinder unterstützen, aber auch abbremsen
- Für ihn ist klar, ein Kind hat das Recht so zu sein wie es ist und darf auch mal Lügen, Stehlen,...
  →um Handlungsmuster zu verstehen darf es mal was unrechtes machen
- Kind soll mit in Entscheidungen und Verantwortung eingebunden werden

- Welche Mitbestimmungsformen hat J. Korczak in seinem Heim eingeführt?

- **Das Kameradschaftsgericht** → Kinder sollen selber über sich selber Gericht halten, auch Erwachsene dürfen dort angeklagt werden.

- **Das Parlament** →Kinder beschließen Gesetze fürs Heim selbst und schreiben diese in einem Gesetzbuch nieder, auch Strafenverteilung

- Einbindung in **Verantwortung** →Aufgabe bei Heimeintritt zugewiesen, Ältere K. haben Verantwortung für Jüngere

- **Die Anschlagtafel** →Erzieher muss Info nur einmal geben, Kinder haben selbst Verantwortung, sich zu informieren, aber auch Anzeigen wurden dort ausgehangen

- **Zeitung** →Korczak & Kinder berichteten darin von ihren Erlebnissen

- **Radio** →wichtiges Instrument, K. erzählte Geschichten und Beobachtungen die er gemacht hat

- **Wirken in das Umfeld hinein** →Exkursionen in Dörfer, Jugendliche durften sich an Aufgaben probieren z.B. Ernte

- Geben Sie eine Einschätzung von Korczaks pädagogischer Arbeit und seinen Ansprüchen an sich und an die Erzieher/ Erzieherinnen.

Korczak erwartet vom Erzieher eine Beziehung zum Kind und diese immer wieder neu zu bedenken.
Der Erzieher soll sich die Fragen stellen:

- Haben wir Fragen an das Leben gestellt?
- Waren es die Richtigen?
- Welche Antworten haben wir gefunden?
- Sind diese Antworten tragfähig?

Korczak Pädagogik ist die Wissenschaft vom Menschen, nicht die Wissenschaft vom Kind.

- Zärtlichkeit (bussln, kuscheln,) = aus heutiger Sicht zu extrem,
  → diese Übergriffe hat er schon wahrgenommen aber nicht negativ bewertet
- hohe Ansprüche an die anderen Erzieher. Aus heutiger Sicht müsste man dies relativieren
- Erzieher sollte ständig darüber nachdenken/reflektieren, ob Handeln ausreichend ist
- Korczaks pädagogische Arbeit bezieht sich auf Arbeit mit Waisenkindern
  →Kinder mit schweren Persönlichkeitsstörungen werden nicht berücksichtigt

8. Maria Montessori

- Welches Bild vom Kind hat M. Montessori?

Montessori ging davon aus, dass das Kind ein selbstbestimmter, unabhängiger Mensch ist. Er kann sich selbst steuern und ist sein eigener Baumeister. Somit verläuft die Entwicklung des Kindes nach Gesetzlichkeiten, deren Wurzeln im Inneren des Kindes liegen, dass es somit einen angeborenen „Trieb" zur Entfaltung seiner inneren Kräfte habe.
- Das Kind entwickelt sich in Übereinstimmung mit seiner Natur, wenn man es nicht in sklavische Zwänge einpasst.

- Montessori hatte die Vorstellung, dass Kinder selbst genügend Kraft und Interesse besitzen, sich mit ihrer Welt konstruktiv auseinanderzusetzen und selbstständig zu lernen, ohne die leitende und eingreifende Hand des Erwachsenen zu benötigen.

- Glaube an die verborgenen, schöpferischen Kräfte im Menschen. Diese gilt es zu wecken, zu aktivieren und zu motivieren. Dadurch wird der Mensch harmonisch und normalisiert.
- Montessori formuliert deinen Respekt vor der Einzigartigkeit jedes Kindes: vor seinen Fähigkeiten, Eigenarten und Entwicklungskräften.

Nach der Auffassung Montessori's vollzieht sich die Reifung des Menschen nach bestimmten Reifegesetzen. Das Kind entwickelt sich nach sogenannten „sensiblen Perioden", in denen es bestimmte Verhaltensweisen und Fähigkeiten besonders gut lernt:
- Von der Geburt – zu 3 Jahren: gesteigerte Aufnahmebereitschaft für alle Umwelteinflüsse, Sinneserfahrungen

- 1 ½ - 3 Jahre: sprachliche Entwicklung
- 1 ½ - 4 Jahre: Entwicklung & Koordination der Muskulatur, Interesse an Gegenständen
- 2 – 4 Jahre: Verfeinerung der Bew., Entwicklung einer Vorstellung von Raum und Zeit
- 2 ½ - 6 Jahre: Verfeinerung der Wahrnehmungen mit Hilfe der Sinneserfahrungen
- 3- 6 Jahre: Empfänglichkeit für Einflüsse von Erwachsenen
- 3 ½ - 4 ½ Jahre: Schreiben, Zeichnen
- 4 – 4 ½ Jahre: Entwicklung des Tastsinns
- 4 ½ - 5 ½ Jahre: Lesen

!! Für jede dieser Stufen benötigt das Kind eine spezifisch vorbereitete Umgebung, nur so kann es seine Fähigkeiten entwickeln!!

- Wie setzt die Montessori- Pädagogik dieses Bild vom Kind in ihre Arbeit um?

Montessori legt Wert auf eine größtmögliche Zurückhaltung des Erziehers zugunsten eines freien Spielraumes für das Kind. Der Erzieher ist als Helfer für das unabhängige Leben des Kindes da. Er tritt zurück und gibt ihm Raum für selbstständige Entscheidungen.

- Die Grundhaltung des Erziehers ist: „Hilf mir es selbst zu tun".

- dies wird umgesetzt durch die „vorbereitete Umgebung".

- Was bedeutet die „vorbereitete Umgebung"?

Die Erzieher der Montessori Pädagogik achtend darauf, dem Kind die sogenannte vorbereitete Umgebung zu schaffen. D.h. man sorgt für Ordnung. Die Umgebung gehört dem Kind und der Erzieher hilft dem Kind, sich seine Umgebung anzueignen. „Hilf es mir selbst zu tun"!

- Die zentrale Einsicht Monessoris ist, dass die geistigen Kräfte des Kindes durch sinnvolle strukturierte Angebote einer vorbereitenden Umgebung (didaktisches Material) aktiviert werden können.
- Diese Entwicklung wird aber nicht durch den direkten Zugriff des Erziehers aktiviert, sondern im freien Umgang des Kindes mit Materialien, die seine Sinne, seine Motorik und seine ganze geistige Kraft auf den Gegenstand konzentriert.
- Die Sinnesmaterialien sind so konstruiert, dass die Kinder ihre Leistung selber überprüfen können und somit die Überprüfung eines Erziehers überflüssig ist. Das Kind soll seine Arbeit selber überprüfen dies nennt M.M „Selbstkraft des Kindes"
(= Hilf mir, es selbst zu tun!)

-Welche wichtigen Grundbegriffe hat M. Montessori entwickelt?

- Respekt vor der Einzigartigkeit jedes K.:
  - Vor seinen Fähigkeiten
  - Vor seinen Eigenarten
  - Vor seinen Entwicklungskräften
- Entwicklungsrhythmus & individuellen Wachstumszeit:
  - Jedem K. muss die Möglichkeit gegeben werden nach seinem Rhythmus sich zu entwickeln und nach seiner Wachstumszeit zu entwickeln
- Die vorbereitende Umgebung
- „Hilf mir, es selbst zu tun!"
- Übungen des täglichen Lebens
- Die „sensiblen Phasen" (Zeitabschnitt, in dem Kind besonders lernfähig ist) / innere Bauplan
- „Selbstkraft des Kindes"
- Entwicklungspädagogik
- Sinnesmaterialien -> Fehlerkontrolle

- Was ist das Besondere am Montessori-Material- bitte nennen Sie Beispiele und geben Sie an, wozu ihr Beispiel sinnesanregend sein soll?

- Bei dem Montessori- Material handelt es sich um ein systematisch aufgebautes Arbeits- und Trainingsmaterial, mit dem das Kind eigenständiges Sinnes-, Geschicklichkeits-, Beobachtungs- und Ordnungsübungen durchführen kann.

Beispiele:
- Die roten Stangen (durch diese erfährt das Kind den Begriff von lang und kurz, denn die Stangen lassen sich gegenseitig ergänzen)

- Die Einsatzzylinder (die Holzzylinder sind mit kleinen Knöpfen ausgestattet, so dass hier schon der Schreibgriff beim Stifthalten indirekt vorbereitet wird. Das Kind lernt das Unterscheiden von Dimensionen bei gleichbleibender Form und erkennt die Beziehung zwischen Hohlraum und Körper.)

- Metallene Einsatzfiguren (Das Kind lernt geometrische Formen, aber vor allem soll es durch das Ausmalen der Figurenumrisse die Schreib-Feinmotorik üben; die Hand wird feinmotorisch für das Schreiben vorbereitet, diese Vorübungen werden später durch die Sandpapierbuchstaben und ein bewegliches Alphabet weitergeführt. Vom Schreiben führt der Weg zum Lesen.)

- Blau- rote Numerische Stangen, Sandpapierzahlen und Plättchen mit aufgemalten Zahlen wird dem Kind der Zusammenhang von Anzahl und Symbol erschlossen.)

<u>Qualitäten des Sinnesmaterials:</u>
- Isolierung: das Material ist so gestaltet das jeweils eine Eigenschaft dabei isoliert wird.
- Abstufung: das Material besteht aus einem System von Gegenständen, die nach bestimmten physikalischen Eigenschaften der Körper (wie Farbe, Maße, Klang, Zustand, Gewicht..) geordnet sind.
Jede einzelne Gruppe verfügt über die gleiche Eigenschaft, jedoch in versch. Abstufungen; es handelt sich also um eine Abstufung bei der sich der Unterschied von einem Gegenstand zum anderen gleichmäßig verändert.

- Kindliches Interesse: es wird nur ein Material ausgewählt für das sich das Kind auch tatsächlich interessiert.

- Fehlerkontrolle: das Material soll eine selbstständige Fehlerkontrolle durch das Kind selbst ermöglichen. Diese Fehlerkontrolle erstreckt sich nicht nur auf das Material, sondern auf die gesamte Umgebung. (alles in der Umgebung ist so vorbereitet dass die Fehlerkontrolle leicht gemacht wird.)

- Ästhetisch: das gesamte Material wie auch die Umgebung sind harmonisch und ästhetisch ansprechend gestaltet.

- Anregend: das Material soll Anregung zum Handeln geben, die Tätigkeit des Kindes hervorlocken.
- Begrenzt: das Material wird mengenmäßig begrenzt. (um ein Chaos durch zu viel Material zu verhindern und das Kinder Begrenzungen brauchen um einen Weg für ihre Entdeckungen zu finden.)

-Organisiertheit: das Material soll das Ausmaß an Organisation und Ordnung widerspiegeln, das in einer Gemeinschaft für deren wirkliches funktionieren erforderlich ist.

- Wo und wie wird die Montessori- Pädagogik heute in der Praxis angewandt?

Selbstkontrolle:
- Kinder sollen und können sich selbst kontrollieren.
- findet anhand der Ergebnisse statt.

Lernmaterialien:
- Lernmaterialien haben eine eingebaute Fehlerkontrolle z.B. Steckkasten.
- Die Lernmaterialien sind sinnlich taktil z.B. durch fühlen, sehen und hören (Sinne werden angeregt).

Freiarbeit:
- Intrinsische Motivation (=Motivation aus sich selbst)
- behandelter Lernstoff.

Morgenkreis:
- Ritualcharakter
- gemeinsamer Beginn.

- Welche Kritikpunkte/ Impulse bietet die Montessori- Pädagogik?

- es kann kritisch angemerkt werden, dass die personale Begegnung zwischen dem Kind und dem Erziehenden in der Überlegung Montessoris kaum eine Rolle gespielt hat.
- die Umsetzung im schulischen wird durch selbstbestimmtes Lernen und Freiarbeit gewährleistet und ist in vielen Schulen verbreitet
- das Kind könnte viel mehr Erfahrungen in der Natur als mit dem begrenzten Montessori Material sammeln. Jedoch ist laut Erfahrungen das Montessori Material keineswegs ein Ersatz für Eindrücke die das Kind in der Umgebung empfängt.
-Neuere Anthropologie geht von der Weltoffenheit des Menschen aus. Danach ist die Vorstellung von der kindlichen Entwicklung nach einem immanenten Bauplan nicht mehr ohne weiteres gültig
-Früherer Vorwurf, dass dem freien Spielen zu wenig Raum bleib, lässt sich nicht mehr ohne Weiteres aufrechterhalten

9. Genderpädagogik

- Definieren und erklären Sie die Bedeutung folgender Begriffe: Geschlecht; sex; gender; doing gender und Gendermainstream.

Geschlecht:
Das Geschlecht eines Menschen hat Auswirkungen auf das Aufwachsen und Erleben eines Menschen. Dabei gehen die Konsequenzen des Geschlechts (männlich /weiblich) weit über die biologischen Unterschiedlichkeiten hinaus.
Mit dem Geschlecht sind Geschlechterrollen und unterschiedlichster geschlechtstypischer Erwartungen (Spielzeug, Kleidung, Verhaltensweisen...) verbunden.
Geschlecht hat nicht nur eine biologische sondern auch insbesondere eine soziale Bedeutung.

Im Englischen gibt es für das Geschlecht im Gegensatz zur deutschen Sprache zwei Begriffe:
Sex
= das biologische Geschlecht, das durch die primären Geschlechtsmerkmale festgelegt ist.
Gender
= sozial definierte Geschlecht (Geschlechterrollen, kulturelle Faktoren usw.), gesellschaftlich und kulturell erlernten und angeeignete Geschlechterrollen. Durch Erziehung, Gesellschaft und Erwartungen an die Verhaltensweisen von typisch weiblich und typisch männlich.

Sex ist somit etwas was wir haben, Gender dagegen tun wir (doing gender)
Der Begriff Gender bezieht sich somit nicht nur auf Mann und Frau in geschlechtlicher Hinsicht, sondern auf das Verhältnis der Geschlechter und damit auf die Gleichrangigkeit bzw. Ungleichheit. -> Das „Soziale Geschlecht".

Doing Gender
= die Unterschiede die jeweils zwischen den Geschlechtern hergestellt werden
(Bsp. Zuschreibungen wie richtige Frauen und richtige Männer sein sollen)
Mann und Frau werden dabei auf bestimmte Lebens - und Verhaltensweisen festgelegt und
so in ihren Lebensentwürfen eingeschränkt. Diese Prozesse – ein soziales Geschlecht
herstellen- (doing gender) finden ständig statt.

Gender – Mainstreaming
= Strategie die Gleichstellung der Geschlechter auf allen gesellschaftlichen Ebenen
durchzusetzen. Mainstreaming meint also den geschlechtssensiblen Blick und das Ziel der
Geschlechtsgerechtigkeit in den Hauptstrom zu bringen, also zu einem grundlegenden
Kriterium bei allen Entscheidungen und Prozessen zu machen.
= ist ein Verfahren das Mann und Frau in gleichem Maße mit einbezieht und fordert.

Der leitende Gedanke hinter der Strategie des Gender Mainstreaming ist das Konzept der
Geschlechtsgerechtigkeit.
Geschlechtsgerechtigkeit beinhaltet 3 Bereiche von Gerechtigkeit:
- Bereich der politischen Teilhabe (Beteiligung von Frauen und Männern in offiziellen
Institutionen)
- Bereich der Teilhabe an materiellen Ressourcen (Möglichkeiten für Männer und Frauen zu
ökonomischer Unabhängigkeit, Interessen entfalten)
-Bereich der Ämter & Positionen (Verteilung von Ressourcen zwischen Mann und Frau in
Bezug auf Arbeit..)

- Was versteht man unter der Geschlechtsidentität?

Geschlechtsidentität
- Erwerb der Geschlechtsidentität beginnt im 2. Lebensjahr. (Kinder produzieren
geschlechtsbezogene Verhaltensweisen)
- „Wie sehe ich mich als Frau/ Mann?"
- „Wie sehen die anderen mich?"
- Grundlage für Identitätsentwicklung!
- Der Entwicklung dieser Geschlechtsidentität muss unterstützt werden, aber auch
Freiräume gelassen werden

- Welche grundlegenden Fragestellungen ergeben sich, wenn eine Einrichtung
genderpädagogische Maßnahmen und Impulse umsetzen möchte (-> Recht auf
geschlechtliche Orientierung, auf Geschlechtsidentiät(„Selbstkategorisierung") und
breiter Erfahrungsräume zum Erlernen der Geschlechterrollen und der
Gleichberechtigung.)

- Der Begriff der Selbstkategorisierung („Ich bin ein…") ist ein wichtiger Begriff der
geschlechtssensiblen Erziehung. Hierzu zählen die Eindrücke und Gefühle. Für diese
Menschen ist es schwierig und uneindeutig ihr Geschlecht zuzuordnen. Dies zeigt sich durch
deutliche Irritationen und seltsamen Gefühlen.
- Wichtig sind Fragen wie:
→ Die Suche nach Antworten und Fragen der Identität. „Wie werde ich ich (selbst)?

→ Wie sehe ich mich als Mädchen/ Frau oder Junge/ Mann?

→ Wie sehen mich die anderen?

→ Sind der Aufbau und der Erhalt für eine stabile Geschlechtsidentität gegeben? (Dies ist ein wichtiger Aspekt, da die Geschlechtsidentität Grundlage für die Identitätsentwicklung ist).

→ Dadurch, dass der Prozess von Sozialisationsinstanzen beeinflusst wird (Eltern, Medien, gesellschaftlichen Normen) ist es wichtig dies immer wieder zu hinterfragen.

- Welche Geschlechtsunterschiede und Geschlechterähnlichkeiten lassen sich in unserer Gesellschaft feststellen?

Forschungen haben belegt, dass in vielen Bereichen (kognitive Leistungen, Kommunikationsverhalten, bei sozialem Verhalten, bei psychischem Wohlbefinden und bei motorischen Fähigkeiten) geringe geschlechtsspezifische Unterschiede auszumachen sind. In Bereichen wie motorischen Fähigkeiten, intellektuelle Fähigkeiten und im sozialen Verhalten zeigen sich stärkere Unterschiede.

Motorische Fähigkeiten
- Jungen haben ab dem 1. Lebensjahr ein deutlich höheres Aktivitätsniveau als Mädchen.
- Geschlechtsunterschiede zugunsten der Jungen bei Aufgaben die gewisse Körpergröße, Muskelkraft und Ausdauer benötigen.
- Mädchen zeigen bei feinmotorischen Aufgaben bessere Leistungen

Intellektuelle Fähigkeiten (Geschlechtsunterschiede im Bereich schulischer Leistungen)
- Jungen haben einen Leistungsvorsprung in mathematisch-naturwissenschaftlichen Fächern.
- Mädchen zeigen vorteile im Bereich sprachlicher Kompetenzen. Die Sprachentwicklung vollzieht sich früher und reibungsloser. Auch wächst der Sprachschatz schneller.
- Jungen zeigen häufiger Sprachentwicklungsschwierigkeiten (LRS, Stottern)
- Kognitive Leistungen – eher geringe Geschlechtsunterschiede

Räumliche Fähigkeiten (räumliche Wahrnehmung oder gedankliche Drehung von Objekten)
- männliche Geschlecht hat dort einen deutlichen Vorsprung (evtl. ein Grund für die besseren mathematischen Fähigkeiten der Jungs)

Soziales Verhalten (Hilfsbereitschaft)
- von männlichen Personen hängt vom Kontext ab in welchem Hilfsbereitschaft gefordert ist.
- für Hilfsbereitschaft von Frauen spielt das Geschlecht keine Rolle. Frauen helfen eher wenn Opfer seine Hilfsbedürftigkeit mitteilt. Auch verfügen Frauen über eine höhere Sensivität und Empathie.

Aggressionen
- Jungen zeigen stärkere Tendenzen zu physischen, also körperlichen Aggressionen.
- Mädchen zeigen stärkere im Bereich der sozialen Aggressionen. (Handlungen welche die Beschädigung des Selbstwertgefühls oder sozialen Beziehungen anderer Menschen zum Ziel haben)
- sind diese Aggressionsformen umgekehrt, dann sind diese Kinder durch Anpassungsprobleme auffälliger.

Männer und Frauengehirn
- Männer genetisches Handicap (nur ein X- Chromosom)
- Männer sind von Beginn an empfindlicher. (sterblichkeits- und krankheitsrate ist bei Jungs statistisch höher)
- Männergehirne sind anderen hormonellen Signalen ausgesetzt.
- Männergehirne bekommen andere Signale aus dem Körper.
- Männer suchen mehr Halt

- Was lässt sich zur geschlechtsspezifischen Sozialisation von Mädchen und Jungen sagen?

Unter Sozialisation versteht man:
- alle Prozesse, die auf einen Menschen in der Gesellschaft beim Hineinwachsen in diese Gesellschaft wirken. Gesellschaftliche Einflüsse sind die Bezugspersonen, Familie und alle kulturellen, materiellen, medialen und gesellschaftlichen (Kleidung, religiöse Regeln, Wohnort..) Einflüsse.
- Sozialisation ist ein aktiver Prozess (kein reiner Anpassungsprozess)
- Der Sozialisationsprozess ist ein lebenslanger Prozess.
- Beim Sozialisationsprozess greifen individuelle und soziale Faktoren ineinander. D.h. es bestehen immer Wechselwirkungen zwischen dem Kind und seiner Umwelt. (diese Prozesse machen den Menschen zu dem Menschen der er ist)
- Aus ihrer Umwelt erhalten die Kinder geschlechtsspezifische Informationen (wie ist ein Junge / Mädchen? Wie hat man sich als Junge /Mädchen zu verhalten?) Diese Informationen bieten den Kindern Orientierung für die Übernahme ihrer jeweiligen Geschlechterrollen. D.h. Jungen und Mädchen durchlaufen unterschiedliche Sozialisationsprozesse.

Die geschlechtsspezifische Sozialisation von Mädchen und Jungen ist an typische Erwartungen und Einflüsse gebunden. Beispiele hierfür sind:
-Erwartungen und Einflüsse die Jungen im Laufe ihrer Sozialisation erfahren:
- starkes Geschlecht; überlegen, berufsorientiert
- Geld, Macht und hohe berufliche Positionen
- Familienernährer
- keine Gefühle zeigen, Sportlichkeit
- Idealtyp: harter Mann
Wenn Jungen diesem Bild nicht entsprechen, haben sie die Alternative des (Klassen-)Clowns.
-Erwartungen und Einflüsse die Mädchen im Laufe ihrer Sozialisation erfahren:
- schwaches Geschlecht; gefühlsbetont
- Familien- und Kinderorientiert
- Ängstlichkeit, körperliche Attraktivität
- Idealtyp: einfühlsame, weiche Frau
Wenn Mädchen diesem Bild nicht entsprechen, gelten sie als unweiblich und müssen sich mit dem Gefühl auseinandersetzen für das andere Geschlecht als unattraktiv zu gelten.

Unterschiede in der Sozialisation von Jungen und Mädchen:
Eltern:
- Eltern kleiden Söhne anders als ihre Töchter.
- Der Kauf des Spielzeugs wird vom Geschlecht beeinflusst (geschlechtsspezifisches Spielzeug).
- Eltern ermuntern ihre Kinder zu geschlechtstypischen Spielen.
- Eltern kommunizieren mit ihren Söhnen anders als mit Töchtern. (mit Töchtern wird mehr gesprochen und auch mehr Augenkontakt gehalten).
- Auch wenn die Geschlechtstereotypien zu Hause nicht so stark ausgeübt werden, orientieren sich Kinder selbst im Kindergarten oder in der Schule an ihren Geschlechterrollen. Dies nennt man Selbstkategorisierung! (Kinder suchen alles Verfügbare, was zu ihrem Geschlecht passt und ahmen dies nach).

Gleichaltrige:
- Kinder verhalten sich entsprechend ihrer Geschlechtsstereotypien sehr intolerant. Sie maßregeln Kinder, die sich geschlechtsuntypisch verhalten. Dieses Auslachen und Maßregeln führt zu hohem Gruppendruck.

Geschwister:
Der Einfluss von Geschwistern auf das geschlechtspezifische Verhalten ist höher einzuschätzen als der Einfluss durch die Eltern.

Medien:
In unserer heutigen Mediengesellschaft können Medien als eigenständiger und wichtiger Bereich der Sozialisation angesehen werden.
-In Medien werden geschlechtsspezifische Erwartungen an das männliche und weibliche Rollenbild vermittelt. Kinder identifizieren sich mit ihren geschlechtstypischen Medienhelden. Jungs spielen häufig Actionhelden nach, wobei Mädchen ehr die weiblichen Rollen einnehmen (häuslich- mütterliches Verhalten, schön sein)

Eine genderorientierte Päd. könnte Medien wie Bilderbücher und Filme auf die jeweiligen Geschlechtsstereotypien untersuchen und manches Rollenverhalten hinterfragen. (z.B. Pippi Langstrumpf)

Spielen:
Spiele von Mädchen und Jungen sind nicht grundsätzlich gegensätzlich. Es gibt breite Gemeinsamkeiten.

Dennoch gibt es deutliche Unterschiede:
Unterschiedlich ist die Art, wie der Körper beim Spielen eingesetzt wird. Zwei Tendenzen:
-Mädchen spielen weniger konkurrenzorientierte Spiele, sie bevorzugen kooperative Stile. Spielsinn von Mädchen -> Gemeinsamkeiten herzustellen
-Jungs haben Interesse an geregelten Wettkämpfen mit festgesetzten Zielen und erklärten Siegern. Spielsinn von Jungen -> Teilnehmer gegeneinander positionieren.

Spielzeug:
- Kinder bekommen geschlechtstypisches Spielzeug zur Verfügung. Damit sind wiederum geschlechtstypische Spielhandlungen verbunden. Daraus entwickeln sich wiederum geschlechtstypische Interessen. Dadurch werden möglicherweise traditionelle Geschlechterrollen verfestigt.

Typisches Jungenspielzeug: ist durch Aktivität und Vielfältigkeit gekennzeichnet (Technik, Computer, Fahrzeuge) -> auf Aktivität und Experimentieren ausgerichtet.

Typisches Mädchenspielzeug: ist durch das häusliche Umfeld geprägt (Puppen, Geschirr, Schmuck) -> das Gestalterische und Ästhetische steht im Vordergrund.

Eine genderorientierte Päd. könnte die Erfahrungsräume auch dem jeweils anderen Geschlecht zur Verfügung stellen.

Werbung:
In der Werbebranche sind Ansätze zu beobachten die die traditionellen Geschlechterrollen aufbrechen (Väter spielen mit ihren Kindern und Mütter gehen zum Arbeiten). Die Wirtschaft jedoch benutzt geschlechtstypische Rollenbilder. Kinder können in diesem Alter zwischen Realität und Fiktion nicht unterscheiden und Rollenklischees werden übernommen und verfestigen sich.

Peerbeziehungen und Geschlecht
Peergruppen sind ein wesentlicher Sozialisationsfaktor!
- Es gibt sowohl Mädchengruppen, Jungengruppen als auch gemischtgeschlechtliche Gruppen. Diese haben wichtige und unterschiedliche Bedeutungen für die Sozialisation von Kindern und Jugendlichen:

Mädchencliquen: integrieren heterosexuelle Partnerschaften einzelner Mitglieder eher und nutzen diese als Gesprächsstoff.

Jungencliquen: orientieren sich eher an männlichen Rollen und zeigen weniger Bandbreite zum geschlechtsüberschreitendem Verhalten.

Jugendhilfe:
Mädchenprobleme und Jungenprobleme sind unterschiedlich und Schwierigkeiten werden unterschiedlich verarbeitet.
- Mädchenprobleme in der Jugendhilfe sind eher Familienprobleme
- Jungenprobleme sind eher Schulscheitern, Statussuche und Kampf um Anerkennung durch Stärke und Kriminalität.